熬通宵也要讀完的大唐史

覃仕勇／著

前言

唐朝被公認為中國最強盛的大一統王朝之一。

其除了國力強盛、版圖遼闊之外，更是國祚綿長。從西元618年至西元907年，唐朝共歷21帝，享國289年。

相較於從西元1368年至西元1644年，享國276年的明朝；從西元1644年至西元1911年，享國267年的清朝；從西元前202年至西元前8年，享國194年的西漢；從西元25年至西元220年，享國195年的東漢；從西元960年至西元1127年，享國167年的北宋；從西元1127年至西元1279年，享國152年的南宋，唐朝無疑是最長壽的朝代。

不過，從嚴格意義來說，與王莽篡位15年，把大漢王朝分隔成前、後兩漢（即西漢和東漢）相似，唐朝也發生了武則天篡位15年的現象，即大唐王朝也被分成了前、後兩唐。

但是，詳加比較，武則天篡位和王莽篡位卻有著本質上的區別。

武則天最初廢掉了中宗李顯，最後又重立李顯為太子，這個現象被稱之為「重祚」，即原本已退位或被篡位的君主，再次即位，原則上仍是「國祚」不變；而且武則天雖然一度改國號為周，但她並沒有廢除李唐王室的太廟，而且國都還是原來的國都，朝臣還是原來的朝臣，政治、經濟和文化制度並沒有太大的改變，武則天本人也算是李唐家族內部的人，性質其實和明朝「靖難之役」、「奪門之變」是一樣的，所以，史家大多認為武則天的篡位行為只是一次廷爭。即唐朝國祚289

年裡面，就包含武周朝的15年時間。

唐朝也因此成為中國古代歷史上、實行郡縣制國祚時間最長的大王朝。

於是，在寫《熬通宵也要讀完的大唐史》這本書時，我只好另闢蹊徑，以事寫人，以人串史，著重寫一系列唐代名人，如寫隋末竇建德、王世充、蕭銑、林士弘等梟雄的盛衰興亡，寫歷史迷霧繚繞的玄武門事變，寫李靖、蘇定方、薛仁貴、王玄等人揚威域外，寫文成公主入藏，寫萬國來朝，寫武則天亂政，寫李白醉酒，寫顏真卿赴難，寫郭子儀中興唐室，寫唐懿宗嫁女，寫黃巢反唐，寫朱溫篡唐……把一幕幕或宏大、或悲壯、或催人淚下、或讓人忍俊不禁、或令人搖頭嘆息，或教人迴腸盪氣、慷慨激昂的大唐畫卷呈現在大家眼前。

目錄

第二章 大唐初開

第三章 貞觀天子

第四章　盛唐氣象

第七章　盛世轉衰

第一章 隋末梟雄

隋煬帝是昏君還是明君？

論及中國歷史上的暴君、昏君，大家最為熟知的就是商紂王、隋煬帝。商紂王生活的年代太過久遠，且不去論他。

對於隋煬帝，其人惡行累累、劣跡斑斑，本來已經是歷史上定了性的惡人了，但有些人為了吸引注意力，居然向公眾的認知力發出挑戰，指鹿為馬，強行給隋煬帝洗白，把他吹捧為雄才大略的不世偉人。說他所做的一切罪在當代，卻利在千秋，還說後來的唐朝能發展為盛世，完全是建立在隋煬帝文治武功的基礎上，甚至拿唐太宗李世民與之相比，橫向比、豎向比，以證明隋煬帝並不比李世民差，所欠缺的不過是運氣而已。

還有人說隋煬帝的「荒淫」之名純屬後人栽贓，真正的隋煬帝執著於做大事，不好女色，等等。說什麼「隋煬帝雖然無德，但是有功。只是他的功業，沒有和百姓的幸福感統一起來」，「隋煬帝是個絕對的個人英雄主義者，這種個人英雄主義，表現在他對自身建功立業的狂熱追求上。事實上，正是因為隋煬帝盲目追求前無古人後無來者的英雄業績，忽略了老百姓的承受能力，忽略了人民的幸福感，才會有濫用民力的行為，才會有最終的失敗」。

說什麼「罪在當代，利在千秋」，又說什麼「追求前無古人後無來者的英雄業績」。

說來說去，不過是拿京杭大運河說事罷了。

其實，現在還在使用的是元朝的京杭大運河，並非隋朝的大運河。

說起來，隋朝的京杭大運河也並非開鑿於隋煬帝朝，而是開鑿於西元前486年，當時，春秋吳國為伐齊國而動工開鑿，距今已有兩千五百多年的歷史。秦始皇是奠定運河走向的人。《越絕書》記，其從嘉興「治陵水道，到錢塘越地，通浙江」。

隋煬帝修大運河，是依仗北周、南陳留下的豐厚人力國力，遵循由春秋到南北朝眾多王朝修的運河河道而進行的。其修建大運河的時間是大業元年（西元605年）至大業六年（西元610年）。六年時間內，先後調發河南、淮北、淮南、河北、江南諸郡的農民和士兵三百多萬人，興師動眾、勞民傷財。

這樣的大工程投入量大、產出量少。黃、淮多沙易淤，河道多變易塞，河道淤塞程度「幾與岸平。車馬皆由其中，亦有作屋其上」。為此，唐、後周、北宋不得不經常疏浚，整修。

可以說，大運河是世界上「故障率」最高、通航效率最低、副作用最大的運河之一。有人統計，自隋修建大運河後的一千四百年間，真正能從杭州（余杭）全程通航到北京（大都、涿郡）的時間總共不過幾十年，80％以上河段能夠貫通的時間也不過兩三百年，其餘時間都是在若干地段靠水陸聯運輾轉而行。

為此，元朝又投入大量人力物力進行開鑿，其所新修的大部分河道已不是隋朝大運河的河道。

當然，為了保證大運河的使用，明清也經常疏浚、整修。

一句話，大運河能成為聞名世界的歷史奇蹟，那是從春秋到清朝幾千年來眾多王朝的功勞。

關於隋煬帝修運河的目的，歷史學家王仲犖的《隋唐五代史》說得很清楚：「作為隋的最高統治者隋煬帝，他開鑿運河主要是為了加強統治和榨取江南人民，也帶有便於他本人巡遊享樂的動機。」

看看，修建大運河的初衷不過如此，怎麼好意思當成「功業」誇耀？

更有人大言不慚地稱隋煬帝文治武功堪比漢武帝，說他創建下的偉業「便宜了李唐」、「好處全被唐朝笑納」、「李唐坐享其成」。

隋煬帝有什麼偉業？他倒是坐享其成他爹隋文帝給他留下的豐厚遺產，但卻把這些遺產揮霍一空，把一個破壞嚴重、人口戶口銳減四分之三、內外眾多強敵的爛攤子甩給了李唐。

根據學者岑仲勉、楊志玖等人考證，隋文帝篡北周自立，從北周那兒繼承了至少六百九十萬戶，後來又吞併了南陳，透過大索貌閱（隋朝的戶籍制度）等手段清查北周、陳的隱漏瞞報戶口。按《資治通鑑》記：「隋開皇中，戶八百七十萬。」即開皇年間達到了八百七十萬戶。估計隋朝鼎盛時期可達八百九十萬戶。

但是，隋煬帝任性、愛作孽，造成了隋末嚴重的大亂，按《通典》內記杜正倫所奏「……末年離亂，至武德有二百餘萬戶」，即隋朝僅剩兩百餘萬戶，人口銳減。

這還不夠，隋煬帝還內外遍樹強敵，致使大部分疆域丟失、國內分裂嚴重。

《新唐書》列傳第一百四十上提到：「隋大業之亂，始畢可汗咄吉嗣立，華人多往依之，契丹、室韋、吐谷渾、高昌皆役屬，竇建德、薛舉、劉武周、梁師都、李軌、王世充等倔起虎視，悉臣尊之。控弦且百萬，戎狄熾強，古未有也。」突厥可汗想要取得中原，而華夏有不世出之人傑李世民。李淵、李世民數年苦戰，不僅統一了中原，還抵禦了突厥，粉碎了突厥可汗的企圖。

拿隋煬帝和李世民比，怎麼比？隋煬帝根本就是敗家子、二世祖，說什麼文治武功？說什麼雄才大略？手裡抓著老爹留下的一副好牌，卻打得一塌糊塗，能怪誰？

李世民父子起兵時，只有太原一地，卻在亂世中崛起，逐一挫敗強敵，占據了中原、南方等地，還擴張占據了龐大的週邊疆域，疆域面積遠超過隋朝。後來經過發展，唐朝的人口、經濟等方面也超過了隋朝。

凍國棟在《中國人口史》中提到，唐朝天寶十三年（西元754年）時，有約一千四百三十萬到一千五百四十萬戶，約七千四百七十五萬到八千零五十萬人口。

隋煬帝好大喜功，大業三年和四年在榆林（今內蒙古托克托西南）以東修長城，兩次調發丁男一百二十萬人，役死者過半；三征高句麗，目的不過是想炫耀兵威，放話「高句麗若降，即宜撫納，不得縱兵」，最後的結局卻是「隋人望之而哭者，遍於郊野」。

隋煬帝在十餘年間徵發擾動的農民不下一千萬人次，平均每戶就出役者一人以上，造成「天下死於役」的慘象。

李世民後來也親征高句麗，只因「遼左早寒，草枯水凍，士馬難久留，且糧食將盡」而班師，雖說沒有滅了高句麗，卻也沒有大的損失。

最難得的是，出征前，百姓踴躍參軍，《資治通鑑》中寫道：「有不預征名，自願以私裝從軍，動以千討，皆曰：『不求縣官勳賞，唯願效死遼東！』上不許。」

隋煬帝實在是滿身黑點，洗是洗不白的。

林士弘當了幾年的皇帝

隋煬帝楊廣窮兵黷武，兩征高句麗，弄得天怒人怨，四海鼎沸。大澤龍蛇，聞風而動，英雄豪傑，逐鹿中原。

這種情況下，江西鄱陽人操師乞率眾起義，鼓眾占據鄱陽郡城，稱元興王，年號「天成」。次年，攻下浮梁、彭澤和江西重鎮豫章郡（今江西南昌）。

要成大事，最佳的做法是「緩稱王，廣積糧」。

操師乞沉不住氣，一登臺亮相，就急吼吼稱王，招致了隋煬帝的重點打擊。

豫章城外一戰，操師乞被隋軍當場射殺。

元興王「駕崩」，新建立的元興王政權群龍無首，眼看就要發生潰散。

關鍵時刻，林士弘挺身而出，接過了操師乞的指揮棒，帶領部隊奮勇作戰，穩定了軍心。

林士弘外表粗野，卻頗有心計。

他利用自己士兵多生長於江南水鄉，地頭熟、水性好的特點，調整了戰略方針，兵分水陸兩路，其中陸軍作為正兵，從陸地上與敵人抗衡；水軍作為奇兵從水路出擊，結果一擊得手，大敗隋軍，擊斃了隋軍指揮官劉子翊，為操師乞報了仇。

由此，林士弘當仁不讓地接管了操師乞的事業，在豫章稱帝，國號「楚」，年號「太平」。

舖子新開張，生意紅火，林士弘四向發兵，各地豪傑紛紛歸附，「北至九江、南洎番禺，悉有其地」。

楚國一下子就達到了全盛。

林士弘幸福並快樂著。

但一個人的出現，改變了眼前的美好。

這個人是兗州（今山東濟寧）人張善安。

這個張善安既不善良，也不安分。根據朝廷的刑事檔案紀錄，此人十七歲時，就有過殺人犯罪的前科，後來亡命江湖，混跡於其他支派的起義軍隊伍中。

在各大起義軍的廝殺、火拼和重新洗牌過後，張善安實在混不下去了，糾集了八百餘散卒來投林士弘。

林士弘認為彼此間還不是很熟，沒讓張善安入豫章，把他安排在距豫章不遠的南塘（在今江蘇南京市西南秦淮河南岸）安身。

林士弘這樣的安排並沒什麼不妥，但張善安不樂意。

張善安認為林士弘是不相信自己、懷疑自己、防備自己，早晚有一天會把刀揮向自己。一怒之下，他率舟師潛伏豫章城外，出其不意地向林士弘發起襲擊。

這是現實版的農夫與蛇的故事。

林士弘是農夫，張善安是蛇。

林士弘在張善安走投無路之際敞開溫暖的胸懷收留了他。

但出乎意料，被張善安露出毒牙咬了一口，很受傷。

豫章城陷，林士弘背井離鄉，遠走南康。

失去了根據地的林士弘如同白日裡的一個孤魂野鬼，飄飄蕩蕩，四處流浪，好不容易才在餘干（今江西餘干縣）站穩腳跟，築城三座以自保。

為了重振雄風，林士弘曾派人招撫交趾太守丘和，未遂；又派兵進攻始安郡，無功而返。

看來，昔日的楚國事業已成明日黃花，風光難再。

但是，生活處處有驚喜。

就在林士弘唉聲歎氣之際，一份意外的大禮從天徐徐而降。

隋煬帝被宇文化及弒殺後，天下尚無共主。隋漢陽太守馮盎以蒼梧（今廣東封川北）、高涼（今廣東陽江西）、珠崖（在海南島）、番禺（今廣州市）之地歸附於林士弘。

幸福簡直不要來得太快！

林士弘受寵若驚，一時不知如何是好。

這還不夠。

南海郡廣州、信安郡新州亂民首領高法澄、冼寶徹發動暴動後，又歡呼著來歸附林士弘。

可是，林士弘還來不及高興，馮盎突然發起襲擊，乾脆俐落地收拾了高、冼二人以及他們的隊伍。

隨後，馮盎舉高、羅、春、白、崖、儋、林、振八州降唐，任高州總管，封耿國公。

原來，馮盎歸附林士弘只是權宜之計，一旦看清林士弘並非真命天子，便霎時翻臉，發兵狂攻。

林士弘被打得手忙腳亂，倉皇退守虔州。

雖說唐軍在攻打蕭銑和李子通兩大割據勢力時，蕭、李的殘兵敗卒都投入林士弘的帳下，但這並不能改變林士弘敗亡的命運。

唐武德五年（西元622年）正月，唐軍完全消滅了梁、吳兩國後，全力攻伐楚帝林士弘。

林士弘一敗再敗，最後，在四面楚歌中棄走餘干，躲進了安成（今江西安福縣）的一個山洞裡，穴居起來。

當年寒冬，大唐洪州總管若干則引軍攻來。

楚帝林士弘悲憤莫名，學習前輩西楚霸王項羽，唱出了一曲垓下歌，愴然病倒，逝去。

眾楚臣楚將一哄而散，前後割據六年的楚政權就此消亡。

竇建德有一統宇內之志，卻敗於李唐

竇建德，山東清河郡漳南縣人，少年時就仗義疏財，崇尚豪俠，喜結交天下英雄。

曾經有七八個盜賊不知死活，到他家搶劫，這簡直是撩虎鬚。

竇建德站在門後，單等盜賊進來，來一個砍翻一個，來兩個料理一雙，一口氣幹掉了四個。嚇得其餘的盜賊心膽俱寒，在門外央求歸還同夥屍首。

竇建德笑著說：「你等狗賊，既沒有膽量進來，那就丟條繩子來，我把屍體捆好，你們自己拽回去罷了。」

盜賊信以為真，就往裡丟繩。少頃，聽到竇建德大叫：「好了。」他們就一齊發力往外拽，一拽，拽出了一名黑大漢。大漢揮動大刀劈頭蓋臉一通亂砍，盜賊們死的死，傷的傷。原來竇建德竟然是把繩子縛在了自己的腰間！

一人孤身殺了幾個打家劫舍的強盜，可見竇建德無論是膽色還是力量都是超一流的。

單單從這一件事看，竇建德絕對稱得上是隋唐年間的超級牛人。

最難得的是他還有一副俠義心腸，濟困扶危，樂善好施。

有一次，竇建德正犁田，聽說鄉里有人死了父親卻無錢安葬，感慨萬分，便把正在勞作的耕牛解了下來，送給他，讓他賣了換錢發喪。

可以說，竇建德就是傳說中的「俠義和英雄的化身」。

由於德高望重，竇建德得到了鄉里人的一致擁護，被推舉為鄉里的鄉長。

雖然只是一個小官，但他卻從不仗勢欺人，相反，他還經常體恤孤弱，傾聽貧苦百姓的心聲。所以，竇建德的父親死的時候，鄉里自發起來給他父親送葬的有一千多人，隊伍排了長長一路，蔚然壯觀。

人們贈送給竇建德辦喪事的財帛，竇建德悉數奉還，一概不收。

楊廣募兵征高句麗時，鄉長竇建德非常「榮幸」地被徵募為一個小頭目，名稱叫「二百人長」。

和竇建德一起被徵募的還有一個他非常要好的朋友，叫孫安祖。

相對而言，孫安祖的家境就比竇建德家差多了，常常是吃了上頓沒下頓。為此，他沒少幹那些偷雞摸狗的營生，更多的時候是偷羊，人們都叫他「摸羊公」。徵兵這年，山東大水，孫安祖家屬於受災嚴重戶，作為家裡的主勞力，他如果應徵去了高句麗，家中老少勢必會被餓死。迫於無奈，孫安祖向漳南縣令提出了免征申請。這個縣令卻一點人道主義精神也沒有，孫安祖的一番苦苦申告，不但沒換來他的半點憐憫，反而讓他認定孫安祖是在耍滑頭，存心要逃避兵役，還把孫安祖捉了起來，扒掉褲子，結結實實地打了一頓板子。

孫安祖又羞又憤，幾天之後，潛入縣府衙，成功地刺殺了縣令，全身而退。

他的藏匿之處就在竇建德家。

俗話說，天下沒有不透風的牆。

不久，竇建德窩藏孫安祖的事就成了半公開的祕密。

孫安祖也覺得無法再繼續隱藏下去了，便與竇建德辭行。

竇建德擺下一桌好酒好菜，鼓勵他招兵買馬，做一番英雄事業。竇建德說：「隋文皇帝時代，天下盛強。現在發百萬眾征伐遼東，竟全軍覆滅。洪澇成災，民力凋敝，楊廣獨夫，不體恤民情，橫徵暴斂，窮兵黷武，去年西征，十不一返，今年瘡痍未平，又重發兵，人情危駭，局勢動盪。丈夫不死，常建功於世！我們縣內的高雞泊廣袤數百里，葭葦叢生，正是造反致富的風水寶地。如果能以它為根據地，聚集豪傑，且觀時變，大計可成。」

其後，竇建德親自出面，召集了同鄉幾百人，幫助孫安祖在高雞泊成立了反政府武裝組織。

做完了這一切，竇建德像沒事人一樣，回家繼續當二百人長。

一直以來，官府就盯實了竇建德。他們覺得，竇建德不是強盜頭子也是個通匪之徒！要不，為什麼別的人家都被搶被劫，而他家卻從來沒事？

現在，贊助殺人逃犯孫安祖造反的證據確鑿！

在一個伸手不見五指的黑夜，一大幫差役揣著邀功請賞的美好願望突襲了竇家。

竇建德外出訪友未歸，惱羞成怒的差役們就把竇建德家裡的男女老少全部咔嚓了。

官逼民反，民不得不反。

竇建德悲憤莫名，迅速聚集了二百多人攻入縣衙，見官就殺，見吏就劈，血濺畫屏，快意恩仇！

然後投靠了清河郡內比較有前途的另一支反政府武裝——高士達集團。

與此同時，剛剛豎起大旗，以「摸羊公」別名行世的孫安祖與高唐人張金稱發生衝突，當場死了。

孫安祖手下的人馬聽說竇建德生意開張了，於是嘩啦啦全跑來跟著混飯吃了。

要說竇建德的個人魅力，那可真是夠大，很快就吸引了大批的追隨者，數目不下萬人，儼然成了高士達座前的第一大將。

也是從這一刻起，竇建德開始立志要做個俠之大者，為民請命，為民造福。

西元616年十二月，隋涿郡通守郭絢奉命率兵萬餘人來高雞泊蕩寇。

郭絢早就聽說了高士達、竇建德兵強馬壯、囂張跋扈，不把朝廷放在眼裡。他一路上長了個心眼，穩紮穩打，步步為營。

大軍尚未到漳南，高雞泊突然傳出高、竇二人為了爭權奪勢，彼此已經反目成仇，勢同水火的消息。

沒幾天，竇建德帶了七千人狼狽不堪地來向郭絢請求投降。

郭絢不知是計，接受了竇建德的投降。

改日，竇建德和高士達內外夾擊，大破郭絢軍，殺敵數千人，獲馬千餘匹，軍威大振。

消息傳到隋煬帝楊廣的耳中，楊廣大怒，派太僕卿楊義臣率兵前往高雞泊蕩寇。

楊義臣本姓尉遲，因戰突厥、平漢王、擊吐谷渾、征遼東……立下赫赫戰功，得隋文帝楊堅賜姓楊，是個絕對的實力派。

楊義臣一出手，就滅了高士達。

但隋朝天命該絕，還沒等和竇建德展開對決，楊義臣就因病逝去了。

楊義臣一死，竇建德「以百餘騎走饒陽」，攻取了饒陽，然後以饒陽為根據地，招集潰卒。

史書稱：「初，他盜得隋官及士人必殺之，唯建德恩遇甚備。」意思是說，在當時，幾乎所有的反政府武裝俘獲了隋朝官兵後，都是無一例外地推出斬首，只有竇建德能厚待這些俘虜，「隋郡縣吏多以地歸之，勢益張，兵至十餘萬」。

竇建德由此勢力大漲，西元617年正月正式在河間郡樂壽築壇，自立為長樂王，年號「丁丑」，配置自己的文武百官，分治郡縣，成了隋末著名的大反王。

成了大反王的竇建德並不深居宮中，而是事事躬親，行軍打仗，永遠衝在前面。

左御衛大將軍涿郡留守薛世雄領三萬幽、薊精兵南下，駐紮在河間郡七里井，準備集結四路大軍圍剿竇建德。

竇建德卻只帶了二百八十名騎兵趁著大霧天偷襲薛世雄大營，大破四五萬大軍，造就了中國古代軍事史上的一個神話！

英雄一世的薛世雄也因此活活被氣死。

經此一戰，竇建德威名遠播，當仁不讓地坐上了河北各路反政府武裝組織中的「一哥」位置。

竇建德躊躇滿志地進軍河間郡城，招撫了河間郡守王琮，然後還軍樂壽。

當年十一月，有五隻大鳥率領幾萬隻小鳥鋪天蓋地地飛來樂壽，黑壓壓地在天空盤旋了好幾天才飛走，非常神奇；同年，又有人進王宮獻寶玉，經專家考證，這塊寶玉非同小可，竟然是夏朝大禹的寶物。

竇建德認為是祥瑞連至，天意難違，於是正式宣布立國，國號為夏，年號為五鳳。

跟著，竇建德做了兩件很牛的事：一、剪除了河北的另一個反動武裝——魏刀兒；二、消滅了北上的宇文化及。

魏刀兒，號稱「曆山飛」，手下有十萬之眾，在河北省深澤縣、冀縣、定縣一帶影響很大。竇建德剪除了他，吞併了他的隊伍，勢力更加壯大。而消滅宇文化及，不但令其勢力更加壯大，最重要的是提高了其政治影響力。

試想想，宇文化及是殺害楊廣的主凶，是大隋帝國的國賊，誰滅了他誰就是舊隋民眾的英雄啊！

這還不算，竇建德還攻陷了名將李世勣鎮守的黎陽，俘獲了李淵的弟弟淮南王李神通、李淵的妹妹同安公主、李世勣的父親李蓋以及魏徵等政要人員，一舉占領了唐室在河北的全部州縣。

竇建德完成了河北的霸業，把都城從樂壽遷到了洺州（今河北永年縣廣府鎮）。

因為境內已沒有了像樣的敵人，竇建德得以把精力投到生產建設上。他大力發展農業經濟，勸課農桑，一時社會安定，給養自足，統治清明，境內無盜，商旅野宿。可謂文治武功均如日中天。

相對而言，關中和洛陽都是四戰之地，戰亂紛擾，無片刻消停，社會生產力遭受到了嚴重的破壞，放眼環顧，仍舊是滿目瘡痍。

俠之大者，為民請命，為民造福！

竇建德的志願是混同宇內，一統天下。

當洛陽的王世充抵擋不住李世民的進攻，向竇建德發出求援信號時，竇建德義無反顧，親自提兵赴援。

竇建德這次親征，多為後世所詬病。

有人說，其實，憑他這個時候的實力，根本用不著親自掛帥，只需派出一員諸如劉黑闥之類的大將，進可據，退可存，就不會招致國滅身亡。

可是，縱觀竇建德一生的行事為人，他斷然不會這樣做。

正如被俘後他跟李世民說的那一句：「今不自來，恐煩遠取。」此戰如果勝利，那就一戰定天下，如果輸了，就願賭服輸。

誠如劉武周讓宋金剛掛帥，宋金剛敗了，兩人就都得死；而李淵讓李世民掛帥，李世民敗了，李淵也會玩完。所以，不用勞煩別人，一切責任自負！

竇建德親率大軍渡河南下，以雷霆之勢擊潰山東定陶，生擒盤踞周橋多年的孟海公，進發虎牢。

可惜的是，唐將李世勣已先一步打敗了鎮守虎牢關的王世充的侄子——荊王王仁則，勝利占據了虎牢關。

虎牢不負雄關之名，靠山而建，居高臨下，易守難攻。

李世民憑藉虎牢關玩出了驚世絕作——圍洛打援。

他一方面讓弟弟李元吉、老將屈突通等人繼續圍困洛陽；一方面親率三千五百名玄甲兵直赴虎牢關與竇建德打起了持久戰。

竇建德十萬大軍離家千里，屯兵於雄關之下，師老兵疲，欲進不得，欲退不能，在進退躊躇之間突然遭到了李世民狂風暴雨般的襲擊，一戰而潰。

混亂之中，竇建德身邊的親兵竟被殺散殆盡，竇建德本人的背後已被長槊刺傷，血流如注，直透重甲，無力再戰，跌落在地。

唐車騎將軍白士讓和楊武威齊齊拍馬趕至，舉槊就刺……

竇建德喝了一聲：「且慢！我竇建德英雄一世，不想就這樣在亂軍之中悄無聲息地死去，要死，就在天下人面前死個明白。你們把我送到李世民跟前吧，這是大功一件，可換你等後半生富貴！」

白士讓和楊武威驚喜若狂，把竇建德捆了個結結實實，獻俘於李世民馬前。

李世民看著竇建德，笑道：「我自討伐王世充，關你什麼事？居然敢越過邊境，犯我兵鋒！」

竇建德昂然道：「你我爭奪天下，免不了一戰，今我不請自來，是不想你遠征，使得河北兵禍又起。既已戰敗，乃是天意，要殺要剮，悉聽尊便，但請善待我河北士民。」

李世民聽後，大為感慨，於是把五萬俘虜全部遣散。

隨後，李世民將竇建德裝進囚車，領著得勝之軍，從虎牢關浩浩蕩蕩返回洛陽。

竇建德的援兵已全軍覆沒，王世充天旋地轉，瞬間崩潰。

這樣，沒費多少功夫，李世民就連破兩大反王，將竇建德、王世充打入囚車，解返長安。

王世充的所屬地盤全部被平定，逃回洺州的竇建德夫人曹氏也遵照夫君的意願，拒絕了眾將擁立養子為新主的好意，將府庫的所有財物散發給將士，令各解去。不日，曹氏率齊善行和右僕射裴矩、行台曹旦等百官舉山東之地，奉傳國等八璽降唐。

對於王世充、竇建德之兩大反王，李唐的處理態度截然不同。

李淵面責王世充，羅列出十條罪狀，將其貶為平民，全族流放巴蜀。

竇建德卻被李淵安置於囚車上，當成祭品帶到太廟告祭祖先，然後押出鬧市斬首。

王世充大奸大惡，「上則諛佞詭俗以取榮名，下則強辯飾非以制群論」，謀權篡位，妖言惑眾，欺負寡婦孤兒，把偌大的洛陽弄得雞犬不寧，民不聊生；竇建德大仁大義，「義伏鄉閭，盜據河朔」，逼上梁山後，一刀一槍，百戰沙場，在河北大修政治，撫養士卒，體恤百姓，勸扶農桑，輕徭薄賦，把一個「黃髮垂髫並怡然自樂」的和諧社會呈現在世人面前。兩人善惡易判，正邪分明。

為什麼結局會是這樣，壞人從寬，好人從嚴？

而且，竇建德攻克黎陽後，面對李世勣的降而復叛，依然力排眾議赦免其父李蓋；對待淮安王李神通客客氣氣，對李淵的妹妹同安公主恭恭敬敬，並陸續送返。

可是，竇建德還是必須死，因為他為人太好了，擁有了太多的民心。他的存在，是對大唐的巨大威脅。他多存在這個世上一刻，他那班遣散的兄弟就多一刻死灰復燃、重操舊業起來造反的心思。李淵絕不能容忍這種情形的出現。

於是，一代英雄竇建德悲壯地死了。

蕭皇帝為保滿城生靈，主動出城領死

隋末亂世，群雄並起，逐鹿中原。

眾多造反頭領中，血統最為高貴的是鳴鳳梁帝蕭銑。

蕭銑的祖父的祖父是南朝梁武帝蕭衍。

我們來看一下他和蕭衍之間的簡單譜系線：

蕭衍—蕭統—蕭詧—蕭岩—蕭璿—蕭銑。

蕭衍，自稱是漢代名相蕭何的第二十五世孫（注意，這個僅僅是自稱的；而有史可考的，他是齊高帝蕭道成的族侄），才學廣博，所謂「草隸尺牘，騎射弓馬，莫不奇妙」，與沈約、謝朓、范雲等並稱「竟陵八友」，更為突出的是他在政治、軍事上的才能，於西元502年建立了梁朝。

蕭統是蕭衍長子，於西元502年十一月被立為皇太子，西元531年三月游池落水，被人救起後，一病不起，未及即位而卒，謚昭明，世稱昭明太子。

昭明太子平生最得意之作是：招集文人學士，廣集古今書籍三萬卷，編集成《文選》三十卷，即後世流傳極廣的《昭明文選》。「《文選》爛，秀才半」，因為這部書，蕭統成了中國文學史上「不著一字，盡得風流」的第一人！

蕭詧為蕭統的第三子，從小胸懷大志，勤學好問，精通辭賦，佛學上的造詣也非常深，著文集十五卷，內典（佛經）《華嚴》、《般若》、《法華》、《金光明義疏》三十六卷，並行於世。

蕭統病逝後，梁武帝本來有意將蕭統的長子、蕭詧的大哥蕭歡立為皇太孫，作為皇位繼承人的，但猶豫再三，最後改立了蕭統的胞弟蕭綱為太子。值得一提的是，蕭綱也是有名的文學家，著名的宮體詩便由他首創。

西元549年侯景亂起，梁武帝被囚，南梁將傾，時任東揚州刺史兼會稽太守的岳陽郡王蕭詧憑藉西魏的勢力，於西元555年正月移居江陵稱帝，國號大梁，史稱西梁。而此時，除江陵附近八百里的地盤以外，西魏已將襄陽等地皆併入自己版圖，並將江陵一帶財物擄掠一空。西梁國土面積不過荊州一帶的三百里區域，成了西魏的藩屬國。

蕭詧死後，傳位第三子蕭巋。蕭巋也是一個有名的學者、文學家，聰明有雅量，著有集十卷，另著《孝經》、《周易義記》、《大小乘幽微》等。即位後，戒奢儉約，進賢退不肖，接受了南陳湘州刺史華皎、巴州刺史戴僧朔的歸降；北周又劃歸基、平、鄀三州，西梁的國土有所擴大，人口增多。這一段時間裡，政治清明，國內晏平。

西元582年，蕭巋把膝下的一個女兒嫁給了隋文帝之子時為晉王的楊廣為妻，與隋結為親家，雙方友好。那一年，新娘十三歲，楊廣二十五歲。誰也沒有料到，這個小小新娘便是日後隋朝的蕭皇后、宇文化及的淑妃、竇建德的寵妾、兩代突厥番王的王妃、唐太宗李世民的昭容。

蕭巋在位二十三年，於西元585年駕崩，傳位蕭琮。

蕭琮，弓馬嫻熟，才學過人，著有集七卷，其中《奉和禦制夜觀星示百僚詩》輯入《先秦漢魏晉南北朝詩》；文一篇，輯入《全上古三代秦漢三國六朝文》。

蕭琮即位之後，隋文帝設立江陵總管監視蕭琮的行為；西元587年，隋文帝先召蕭琮入朝，然後一口併吞了西梁。

於是，自蕭詧至蕭琮，西梁共傳三世，曆三十三年，先後看西魏、北周和隋的眼色過日子，戰戰兢兢，最後被隋滅亡。

蕭琮入隋後，被隋文帝封為柱國、莒國公；後因為妹妹蕭皇后的原因，被楊廣所親重，拜為內史令，進封梁王。不過好景不長，由於坊間流傳「蕭蕭亦復起」的童謠，蕭琮慘遭猜忌，廢黜，病死在家中，被追贈左光祿大夫。

蕭岩是蕭詧的第五子，封安平王。西元587年八月，蕭琮被迫入朝後，蕭岩曾聯結江南陳朝，裹挾後梁十餘萬百姓歸降了南陳。

隋滅南陳後，蕭岩被誅，家屬全部淪為平民。

蕭璿，事蹟未顯於史，生下蕭銑後，很早死去。

所以，到了蕭銑這一代，生活已經極為貧苦，母子相依為命，艱難度日。

不過，他的殺父仇人楊堅被楊廣弄死後，登上了帝位的楊廣冊立蕭銑的姑母蕭妃為皇后，開始對蕭氏子弟大加擢用。

蕭銑於是變成了湖南湘陰的羅川縣縣長。

蕭銑的親姑爺楊廣並不得人心，天下鼎沸，變民四起。

西元617年十月，湖南嶽州校尉董景珍、雷世猛，將領鄭文秀、許玄徹、萬瓚、徐德基、郭華，沔陽張繡等密謀占據嶽州造反。

一開始，大家打算推舉董景珍為首領。

董景珍非常不安，推辭說：「我出身寒賤，難以服眾，做首領的話，得是德高望重之人。羅川縣長蕭銑是梁朝的龍枝鳳葉，寬仁大度，有梁武帝遺風。我聽人家說，『帝王之興，必有符命』。現在隋朝的冠帶都稱『起梁』，這是蕭梁中興的跡象啊。推舉他做咱們的領袖，才能順天應人啊。」

於是，眾人就把目光投向了遠在羅川的蕭銑，祕密派出代表潛入羅川，與蕭銑取得了聯繫。

蕭銑慨然說道：「我祖父當年事隋，職貢不斷，竭誠交結兩國之好，但是楊堅貪我國土，滅我家國，每念及，無不痛涕流淚，你們既如此推崇見愛，有意助我光復大梁帝國，我豈有退縮之理？」

蕭銑這一番話目標定位高，旗幟鮮明，與同時代的其他的造反者有根本的區別，這種差距是由人的素質、修養、品位和抱負造成的。

這樣，羅川城內，官吏的服色、城頭的旗幟，彷彿一夜之間，全部恢復了梁國的舊制。

董景珍他們也迅速發動兵變，順利地占據了嶽州。

西元617年十月十九日，在董景珍等人的擁戴下，蕭銑在岳陽城南築壇，焚燒供品祭祀上天，隆重地舉行了開國大典，重建梁國，自稱「梁王」。

據說那天早上，霞光萬丈，有很多怪鳥臨空，有識之士說這是祥瑞，大吉，建議大梁的年號為「鳴鳳」，蕭銑欣然從之。

第二年三月十一日，隋煬帝在江都離宮被宇文化及處死。

同年四月下旬，蕭銑在嶽州登基稱帝，一切典章制度皆依梁朝舊制，置署百官，追謚叔父蕭琮為孝靖皇帝，祖父蕭岩為河間忠烈王，父親蕭璿為文憲王；封董景珍為晉王，雷世猛為秦王，鄭文秀為楚王，許玄徹為燕王，萬瓚為魯王，張繡為齊王，楊道生為宋王。

立國之初，政通人和，氣象一新，處處呈現一派欣欣向榮的景象。

隋將張鎮州，曾在岳陽城外裡裡外外屯了三重大軍，準備攻取岳陽，聽說楊廣已死，長歎一聲，和欽州刺史寧長真等一同舉五嶺以南的全部州縣向岳陽投降。

這樣，蕭銑的帝業達到了巔峰！

麾下有雄兵四十餘萬，坐擁了南方大片土地，梁國版圖東達九江（今江西九江市），西抵三峽（今湖北與重慶交界處），北接漢水（今漢水以南），南盡交趾（今越南），國勢之盛，已超過乃祖的西梁。

如果說有美中不足的話，那就是故國西梁的都城建在江陵，而此時蕭銑的都城還在岳陽。所以，蕭銑決定遷都江陵。

江陵在西梁苦心經營的三十餘年中，國泰民安，澤被百姓，深得民心。

遷都後，蕭銑先修復了先皇的陵墓和宗廟，然後薄賦稅，施仁政，勵精圖治，把一個嶄新的梁帝國矗立在世人面前。

根基穩固好了以後，接下來，蕭銑就開始準備北顧中原，逐鹿天下了。

不過，蕭銑命不好，他遇上了隋唐年間的超級軍神——李靖。

西元618年，李世民和王世充、竇建德的虎牢大戰正打得不可開交，雄踞江陵的蕭銑派舟師溯江而上，屯兵於安蜀城及荊門城，虎視眈眈地盯著屬於唐室的峽州（今湖北宜昌市西）、巴、蜀等地。

一旦巴蜀等地被蕭銑侵占，大唐帝國將會陷入東西兩面受敵的困境，李淵大感不妙，命李靖領輕騎數人火速前往峽州，協助峽州刺史許紹抗擊蕭銑。

李靖得令，日夜兼程，途經金州，正遇上廬江王李瑗和蠻賊鄧世洛苦鬥。

雙方你來我往，已鏖戰多日，勝負未決。

李瑗見了李靖，如獲至寶，連忙請教問計。

於是李靖在金州傾情上演了一出隋唐版的「荊州城公子三求計，博望坡軍師初用兵」，略做停留，為李瑗定下平蠻賊的奇計才匆匆告辭。

到了峽州後，李靖與許紹共同分析當前形勢，發現險塞基本掌握在蕭銑手中，戰機尚未成熟，兩人的意見都是先按兵不動，耐心等待機會。

李靖鄭重地向李淵遞交了一份作戰計畫——「攻取蕭銑十策」，然後靜等時機。

西元621年九月秋汛，連日大雨，經月不止，江水暴漲。

李靖料定蕭銑沒有防備，馬上安排三軍分三路進擊。

三路大軍分列兩千艘戰艦順江而下，果然不費吹灰之力就拿下了荊門和宜都，然後破梁大將文士弘於清江（今清江入長江口），洞穿梁國門戶，長驅直入，直逼江陵。

看著唐軍千帆齊舉，萬舸爭流，氣勢如虹，蕭銑黯然長歎：「天不祚梁，氣數當盡，若力屈而戰，徒然使百姓遭殃，豈能因為我一人的緣故而使百姓蒙難？宜趁城池未陷而出降，希望可以避免戰亂傷及士民。諸人失我，何患無君？」

十月二十一日，蕭銑臉色平靜地到太廟告祭先祖，然後下令出城投降。

城上守軍紛紛淚如雨下。

天不佑梁，天數如此，奈何奈何？

蕭銑一襲白衣，帶著文武百官徑直來到唐軍營門前，對唐軍主帥李孝恭說：「當死者唯銑，百姓非有罪也，請勿殺掠！」

事實上，李孝恭進駐江陵之後，唐軍上下都在不懷好意地審視著這座富麗堂皇的梁朝帝都，一個個摩拳擦掌，蠢蠢欲動，準備盡情飽掠一番。因為蕭銑這充滿悲天憫人的一句話，李孝恭被深深打動，從而發布嚴禁士兵搶掠的命令。

「於是城中安堵，秋毫無犯」。江陵遂避免了一場浩劫。

梁國所屬的各州縣得知江陵陷落後，皆望風款附，紛紛繳械投降。

蕭銑被李孝恭押解到長安之後，李淵當面大罵蕭銑大逆不道，不自量力，公然稱王稱帝和大唐唱對臺戲。

蕭銑凜然回答道：「隋失其鹿，英雄競逐，銑無天命，故至於此。亦猶田橫南面，非負漢朝。若以為罪，甘從鼎鑊！」

西元621年冬天，蕭銑慷慨就死，被斬首於長安鬧市，時年三十九歲。

王世充殘暴無常，殘殺出家大臣

歷朝歷代，都有一條不成文的約定：只要不是大奸大惡，犯下謀反、逆亂之類大罪，犯人削髮皈依佛門，誠心向佛，當權者往往都會網開一面，睜一隻眼、閉一隻眼。

但在隋唐交替的亂世，發生了有人立志做和尚卻被暴君處死的事件。

話說，隋煬帝當政，窮兵黷武，搞得天怒人怨。

監察御史鄭頲對隋朝失望，投奔瓦崗起兵的李密，得封右長史，負責鎮守偃師。

後來，瓦崗軍與王世充爭鋒，大敗，李密流亡，最終在熊耳山南麓遭遇李唐集團截殺。

大廈傾覆，鄭頲的部屬叛亂，鄭頲被裹脅著投降了王世充。

瓦崗集團潰亡之時，像程咬金、秦叔寶等後來上了唐朝凌煙閣的名臣良將也和鄭頲一樣，投到了王世充麾下。

王世充喜歡裝神弄鬼，毫無人君之風。

程咬金對王世充的評價是：「王公器度淺狹而多妄語，好為咒誓，此乃老巫嫗耳，豈撥亂之主乎！」

秦叔寶也認同，說王世充：「性猜忌，喜信讒言。」

程、秦是武將，趁帶兵在外打仗的機會改投了李唐。

鄭頲被王世充強行封為御史大夫，天天伴駕，就沒有這樣的機會了。

秦王李世民率軍攻打王世充，在青陽宮展開了一場短刀相接的小規模戰爭，唐驃騎將軍王懷文在亂軍中落馬，被俘。

被俘後的王懷文佯裝投降了王世充，某天，跟隨王世充從右掖門出洛水列陣，突然揮槊疾刺王世充。

王世充躲閃不及，正中前胸！

可是鮮血並沒有濺出，「當」的一聲清脆響亮的斷金戛玉之音過後，跟著「劈啪」一聲悶響，長槊竟斷了！

原來王世充長袍裡面竟穿著堅厚鎧甲，使得槊折不能入。

王懷文驚呆了。

其他人也驚呆了。

當然，震驚的內容不盡相同。

王世充震驚過後，是怒不可遏的暴怒。

立即下令，將王懷文推出去斬了！

料理了王懷文後，王世充先氣呼呼回宮除去鎧甲，然後光著膀子出來，響亮地拍著肥碩的胸脯肉，糊弄著驚魂未定的群臣說：「王懷文賊子用長槊刺我，我有金剛護體，所以毫髮無傷，天命啊！這是天命！」

鄭頲早就厭透了王世充這套鬼把戲，卻不戳穿他，趁機說：「我聽說佛有金剛不壞之身，陛下遭受槊擊卻毫髮無傷，豈不是活佛轉世？我願棄官削髮為僧，服勤精進，光大陛下的英姿神明。」

王世充奸笑著說：「國之大臣，聲望素重，突然出家，會使朝野震動。這樣吧，等戰火熄滅，天下太平的時候，再出家不遲。」

鄭頲堅持要出家，王世充堅持不批准。

回家後，鄭頲慨然對老婆說：「我束髮入仕，志慕名節，卻不幸遭遇亂世，流離淪落在這樣一個充滿猜忌、瀕臨滅亡的小朝廷內，可歎我智力淺薄，不能自保。人生免不了一死，今天如能趁了我的心願，就算死也沒什麼遺憾！」於是，讓老婆替自己剃光了頭髮，披上嶄新的和尚服，對天合掌：「南無阿彌陀佛！」

王世充知道後，勃然大怒：「你就認定我一定會敗給李唐了嗎？你以為做了和尚就可以躲過一死嗎？不殺你，不足制眾！」

於是命人把鄭頲捉起來，解到鬧市哢嚓掉了。

鄭頲臨死前，談笑自若，口占一絕，詩云：

幻生還幻滅，大幻莫過身。
安心自有處，求人無有人。

連出家做和尚的自由也沒有，王世充做這事太不地道，招致眾叛親離。從而，王世充殺鄭頲事成了其敗亡的轉捩點。

說說李世民、李元霸四兄弟的名和字

演義中的李元霸力大無窮，恨天無柱，恨地無環，撚鐵如泥，勝過漢時項羽；一餐斗米，食肉十斤；使兩柄鐵錘，四百斤一個，兩柄共有八百斤，如缸大一般；胯下坐騎千里一盞燈。在隋唐年間，號稱天下第一好漢，幾乎沒有人能在他馬前走上三個回合，打遍天下無敵手。

四明山李元霸擊敗反王二十三萬大軍，先後殺死名將伍天錫、宇文成都，在紫金山面對一百多萬軍隊，一對金錘如拍蒼蠅般，只打得屍山血海，迫使李密交出玉璽，反王獻上降表。這位無敵凶神最後的結局很慘烈——被雷劈死了。

歷史上真正的李元霸是唐高祖李淵的第三子，原名叫李玄霸。

由於清朝康熙皇帝的名字叫玄燁，清朝在整理古書時，將許多古書上的「玄」字做了篡改，說是避聖諱。

於是，「李玄霸」被改成了「李元霸」，「唐玄宗」被改成了「唐元宗」。

查《新唐書》可知，李淵一共生有二十二個兒子，長子李建成、次子李世民、三子李玄霸、四子李元吉，此四子都是原配夫人所生。

「建成」、「世民」、「元吉」，應該是三人的字，而不是名。

李元吉的名叫「李劼」，小字「三胡」。

李建成的名不可考，有小字為「毗沙門」。

李世民的名也同樣不可考。

李玄霸屬名，字為「大德」。

「建成」和「世民」起得非常大氣，且有深遠的寓意——建成一番大事業，救濟世困，讓民眾安居樂業。

李玄霸的名起得也不賴，隱有王圖霸業之意。

但是，李玄霸卻辜負了這個好名字。十六歲那年，他和兩位兄長一同出獵，馬失前蹄，從馬上摔下，直接摔死了，死得相當窩囊。

該年是隋大業十年（西元614年），李淵太原起兵是隋大業十三年（西元617年）的事。即李玄霸對於大唐開國並無尺寸之功，也談不上什麼厲害不厲害了。

補充說一下，自四子李元吉之後，除第五子名字叫李智雲外，李淵的其他兒子名字的中間均為一個「元」字，為元景、元昌、元亨、元方、元禮、元嘉、元則、元懿、元軌……「元」了一大串。

這些「元」字的來歷，並非避康熙諱由「玄」改「元」而來，而是它們本來就是「元」字。

注意，在《隋唐演義》、《說唐演義》和眾多評書中，李元霸的人物設定是李淵的第四子，李元吉是第三子。事實上正好相反，歷史上的李元霸為李淵的第三子，李元吉為第四子。

還有，李淵稱帝後，可憐李玄霸早死且無子，將李世民與長孫氏生的次子李泰過繼為其子，以奉其祀，追贈其為衛王，謚號為「懷」，並封李泰為宜都王。

歷史上的隋唐英雄單挑能力排名

小說《說唐全傳》給隋唐交替之間的牛人、猛人列有一個英雄好漢排位表，不過，裡面的所謂英雄好漢如李元霸、宇文成都、雄闊海、伍雲召等，大多數都是虛構的，沒什麼意思。

而真實的歷史裡面，在這個四海鼎沸、風雲際會的時代，也真的湧現出許許多多勇力絕倫、豪氣蓋世的英雄豪傑，稱得上是牛人如雨、猛將如雲。

筆者透過史料對比研究，統計出隋唐年間二十大戰鬥力最強悍的牛人，並予以由最強到次強進行排位，以奉獻給廣大喜歡研究這段歷史的「隋唐迷」。

牛人一：尉遲敬德。

《舊唐書》稱：「尉遲敬德，朔州善陽人。大業末，從軍於高陽，討捕群賊，以武勇稱。」又說，「敬德善解避槊，每單騎入賊陣，賊槊攢刺，終不能傷，又能奪取賊槊，還以刺之。」

武勇「代表作」：李世民鏖兵洛陽期間，一度落單，王世充領步騎數萬來戰，「飛將」單雄信挺槊直趨李世民，「敬德躍馬大呼，橫刺雄信墜馬」，順利掩護李世民殺出重圍。

可見，尉遲敬德藝高膽大，不但揮鞭擊槊功夫了得，而且騎術精湛，在萬軍中衝鋒陷陣收放自如，毫髮不傷。除此之外，他更有一項無人能望其項背的絕活——在馬上空手奪白刃。

單鞭奪槊一幕只是在李世民跟前的牛刀小試。

他曾經有過一項紀錄：手無寸鐵地站在亂軍之中，面對著敵人刺來的長槊隨抓隨擲，不一會兒的工夫，就把數十名圍攻敵軍的長槊全部奪下拋擲在地下，嚇得敵軍心膽俱裂，驚呼四散。

齊王李元吉聽說了尉遲敬德的本事，心中大為不服，提議除去槊首後，雙方比試一場。

尉遲敬德卻說：「我自當遵命除去槊首，但大王不必！」

李元吉不信，把長槊的槊首抖出一團槊花，照尉遲敬德的面門用力猛刺，可是無論他是正刺、斜刺、側刺、上刺、下刺都傷不了尉遲敬德一根毫毛。

李世民有心挫挫弟弟的銳氣，叫停了二人，故意問尉遲敬德：「奪槊難還是避槊難？」

尉遲敬德據實回答說：「奪槊難。」

「那你能不能奪下齊王手中的長槊？」

尉遲敬德看了看李元吉，笑笑說：「試試吧。」

結果是「元吉執槊躍馬，志在刺之，敬德俄頃三奪其槊」。

李世民征討洛陽時，王世充的侄子王琬曾身披華甲，騎楊廣的禦馬耀武揚威於兩軍陣前。

李世民只問了一句：「誰能擒殺此人？」

尉遲敬德應聲而往，躍馬橫鞭，倏忽到了王琬跟前，用力一拽，將王琬手到擒來，拽過自己的鞍前，牽著禦馬飛奔回來。

這幾下兔起鶻落，等王琬的手下反應過來時，尉遲敬德已經回到李世民跟前了。兩軍皆驚。

牛人二：秦叔寶。

《舊唐書》稱：「叔寶每從太宗征伐，敵中有驍將銳卒，炫耀人馬，出入來去者，太宗頗怒之，輒命叔寶往取。叔寶應命，躍馬負槍而進，必刺之萬眾之中，人馬辟易。」《新唐書》亦稱：「每敵有驍將銳士震耀出入以誇眾者，秦王輒命叔寶往取之，躍馬挺槍刺於萬眾中，莫不如志。」所謂於萬軍之中取上將首級猶如探囊取物不過如此。

武勇「代表作」一：李密與宇文化及大戰於黎陽童山，李密為流矢所中，墮馬悶絕。左右奔散，追兵且至。關鍵時刻，秦叔寶獨捍衛之，殺散隋兵，救了李密一命。

武勇「代表作」二：在圍困洛陽期間，李世民有意讓秦叔寶出場震懾王世充集團的軍心，秦叔寶「所將槍逾越常制」，手中的大槍遠遠超出尋常規格，沉重異常，只見他「馳馬頓之城下而去」，提槍躍馬到了城下，將槍往地上一插，然後頭也不回，拍馬回營。「城中數十人，共拔不能動」，城裡的守軍看了這支大槍，驚奇無比，衝出了幾十個人，想把槍拔回城中，可是槍竟如同生了根一樣，這幫人「嘿咻嘿咻」地忙碌了大半天，像蜻蜓撼大樹一樣，渾身臭汗，槍卻分毫不動。只聽蹄聲如雷，秦叔寶大呼：「讓開！」快馬如風一樣衝來，手握槍柄用力一拔，塵土四起，「復馳馬舉之以還」，背後留下滿城的驚愕！

晚年的秦叔寶每多疾病，因謂人曰：「吾少長戎馬，所經二百餘陣，屢中重瘡。計吾前後出血亦數斛矣，安得不病乎？」

牛人三：程咬金。

《舊唐書》稱程咬金：「少驍勇，善用馬槊。」在瓦崗隸屬四大驃騎將之一，領八千內軍，得李密稱讚：「此八千人可當百萬。」

武勇「代表作」：瓦崗軍與王世充對砍期間，有一次，裴行儼先行衝陣，衝到中間被流矢射中，滾鞍落馬。程咬金挺身而出，冒死殺散了四周的士兵，然後把受重傷的裴行儼抱上馬，二人同騎。王世充的大軍又洶湧攻到，程咬金前胸竟被一條馬槊捅穿，大怒，怒喝一聲，把馬槊擰斷，順手一帶，把追刺他的兵士拉至近前，刀斬其頭，神威凜凜，嚇得追兵不敢近前，悍勇異常。

牛人四：丘行恭。

《舊唐書》稱：「行恭善騎射，勇敢絕倫。」

武勇「代表作」：李世民在穀水岸邊衝陣，陷入王世陽重圍。坐騎「颯露紫」中箭，李世民栽倒在地上，危急關頭，丘行恭策馬殺到，將李世民周圍的敵人殺散，然後下馬，把轡繩交給李世民，自己牽起「颯露紫」，左手舉起馬鞍上下揮舞為李世民遮箭護體，右手操長刀，走在前面，揮刀不停，血雨中前進，一如詩裡寫的：「五步殺一人，千里不留行」，突陣而出。

值得一提的是，戰鬥結束，丘行恭俯首為「颯露紫」拔箭，豈料箭剛拔出，血噴如注，「颯露紫」淒鳴一聲，怦然倒地。李世民傷感不已，為了把這一刻永遠定格，命人將此情此景刻於石屏上。丘行恭也有幸成了昭陵六駿中唯一一個附刻了人像的主角。

千載之下，我們仍然能從石屏上目睹這被定格了歷史的一刻：中箭後的「颯露紫」馬首低垂，依偎著人，眼神淒然，似乎有淚湧出，後身傾斜，四腳鬆散無力，又像是因為疼痛而顫慄；脫下戰甲後的丘行恭頭戴兜鍪，身穿戰袍，腰佩大刀和箭囊，相貌英武，朗目卷鬚，低著頭拔箭，護馬之情，躍然石上！

牛人五：張須陀。

瓦崗李密曾設伏將張須陀團團圍困，「須陀潰圍輒出，左右不能盡出，須陀躍馬入救之，來往數四」，基本接近長阪坡趙子龍六出六進的現實版。

牛人六：羅士信。

蔡東藩《唐史演義》中的一句話：「俗小說中，有羅成一人，想是羅士信誤傳。」此語，我深以為然。

羅士信小小年紀，力大無窮，使長槍，其人有著嚴重的暴力美學傾向：喜歡「輒劓其鼻而懷之」，割下敵人的鼻子，裝在自己的行囊裡，回來後統計戰績。

《舊唐書》中記：「士信年始十四，固請自效。須陀謂曰：『汝形容未勝衣甲，何可入陣！』士信怒，重著二甲，左右雙鞬而上馬，須陀壯而從之。」

十四歲的羅士信從軍，張須陀看他長得矮小，疑惑地說：「你不勝衣甲，怎麼上陣打仗？」羅士信大怒，穿兩層戰甲，每層戰甲大約重五十斤，兩層就一百多斤了，驚得張須陀的下巴差點掉落地上。

羅士信曾「擊賊濰水之上。陣才列，士信馳至賊所，刺倒數人，斬一人首，擲於空中，用槍承之，戴以略陣。賊眾愕然，無敢逼者」。

隋煬帝最欣賞張須陀和羅士信的悍勇，「令畫工寫須陀、士信戰陣之圖，上於內史」，將張、羅二人衝鋒陷陣的場面繪製成圖，珍藏在宮中。

牛人七：單雄信。

《舊唐書》稱其「少驍健，尤能馬上用槍，密軍號為『飛將』」。

《資治通鑑》也說：「雄信驍捷，善用馬槊，名冠諸軍，軍中號曰『飛將』。」馬槊是隋唐年間最為流行的一種重型兵器，根據《武備志》上的描述，該兵器又粗又長，柄頭有錘，錘端有釘，錘身遍布鐵齒八行，柄末裝三棱鐵鑽，既有大刀之利，又有長矛之銳，更兼斧錘之重，端的是無堅不摧、無厚不破的百兵之王。單雄信使用該種武器，足顯臂力驚人。不過，《酉陽雜俎》記單雄信的武器名曰「寒骨白」，以棗樹為槍桿，槍頭達七十斤。

史學家趙翼評論單雄信，說他「挺槊追秦王」，「萬人敵，瞋目莫敢當，使其事真主，勠力鏖疆場。功豈後褒鄂，名應並徐常。惜哉失所依，草賊同陸梁」。

可以說，單雄信天生就是一個戰場上的鬥士，一個威風八面的殺神，註定不會默默無聞地到老。

牛人八：段志玄。

段志玄，齊州臨淄人，跟隨唐高祖起義，屢立戰功。

武勇「代表作」一：劉文靜在潼關與隋將桑顯部作戰失利，軍營已潰，段志玄率二十騎赴擊，殺數十人而還。衝鋒陷陣中，段志玄被流矢射中左腳，為了穩住軍心，他不動聲色，「更入賊陣者再三」，終於扭轉了敗局。

武勇「代表作」二：段志玄在洛陽城下與王世充大軍交戰，王世充軍大敗，匆匆往城內撤。段志玄殺得紅了眼，躍馬揚刀追著王世充的屁股打，深入敵軍腹心，竟然馬失前蹄，跌倒在地，被鄭軍兩名騎將夾持著渡洛水。冷不防他奮然騰身跳起，將兩騎將拉墜馬下，然後奪過一匹馬，急馳而歸，數百騎尾追其後，但無人敢靠前！

牛人九：裴行儼。

裴行儼打仗勇猛凶狠，喜歡先行衝陣。《資治通鑑》說道：「仁基子行儼，驍勇善戰。」《隋書》稱：「行儼每有攻戰，所當皆披靡，號為『萬人敵』。」

牛人十：闞稜。

《舊唐書》記：「闞稜，齊州臨濟人。善用大刀，長一丈，施兩刃，名為陌刃，每一舉，輒斃數人，前無當者。」

闞稜的兵器陌刀是唐朝特製的大刀，《唐六典》卷一六武庫令丞職掌條記：刀之制有四，一曰儀刀，二曰障刀，三曰橫刀，四曰陌刀，又稱「斷馬劍」。這種刀為雙刃，一丈多長，較重，約五十斤，殺傷力極大，一刀劈下，人馬俱碎，但能使用的人不多，已失傳，迄今無陌刀實物出土，其形狀從唐郭子儀墓壁畫可見。

闞稜在戰場上的「代表作」是：杜伏威降唐後，輔公祏僭號反水，闞稜代表杜伏威前往征討，在戰場上脫下兜鍪，大喝一聲：「汝不識我邪？何敢來戰！」輔公祏的部眾知其武勇，卻又多為其舊部，再無鬥志，紛紛拜服在地。

牛人十一：杜伏威

杜伏威為章丘（今山東濟南市）人氏，多謀善斷，勇猛絕倫。

《新唐書》記其能力「代表作」：杜伏威與隋軍激戰於鹽城（今江蘇省鹽城市）時，曾被亂箭射中額頭。其瞋目怒吼：「不殺汝，矢不拔！」率軍馳入隋軍陣內，「大呼衝擊，眾披靡，獲所射將，使拔箭已，斬之，攜其首入棱軍示之，又殺數十人，遂大潰」。

牛人十二：李世民

《資治通鑑》記：「世民與軍頭臨淄段志玄自南原引兵馳下，衝老生陳，出其背，世民手殺數十人，兩刀皆缺，流血滿袖，灑之復戰。」

牛人十三：王君廓。

《新唐書》記：「王君廓，並州石艾人。少孤貧，為駔儈，無行，善盜。」其人曾在瓦崗李密帳下效力，後投唐，在會戰洛陽王世充過程中，有「以十三人破賊萬」的壯舉，得唐高祖下詔嘉獎，稱：「自古以少制眾，無有也！」

牛人十四：西門君儀妻王氏。

西門君儀是杜伏威的部將，其妻「王氏勇決多力」。杜伏威在海陵與大梟雄李子通爭霸期間，曾身受重傷，跌落馬下。危急之間，王氏從軍中搶身而出，像拎小雞一樣，把杜伏威拎到自己的背上，「負伏威而走」，李子通部竟不能得手。

牛人十五：張公謹。

玄武門事變時，李建成、李元吉的部眾來攻玄武門，兵鋒甚盛。張公謹有勇力，獨閉門以拒之。

牛人十六：李君羨。

李君羨跟從李世民討劉武周及王世充等，「每戰必單騎先鋒陷陣」。

牛人十七：來整。

《隋書》稱：「整尤驍勇，善撫士眾，討擊群盜，所向皆捷。諸賊甚憚之，為作歌曰：『長白山頭百戰場，十十五五把長槍，不畏官軍十萬眾，只畏榮公第六郎。』」

牛人十八：楊玄感。

《隋書》稱：「玄感驍勇多力，每戰親運長矛，身先士卒，喑嗚叱吒，所當者莫不震懾。論者方之項羽。」

牛人十九：蘇定方。

《舊唐書》稱：「定方驍悍多力，膽氣絕倫，年十餘歲，隨父討捕，先登陷陣。父卒，郡守又令定方領兵，破賊首張金稱於郡南，手斬金稱，又破楊公卿於郡西，追奔二十餘里，殺獲甚眾，鄉黨賴之。」

牛人二十：魚俱羅。

《隋書》稱：「及遇賊，俱羅與數騎奔擊，瞋目大呼，所當皆披靡，出左入右，往返若飛。」

說說在正史中留名的瓦崗英雄

先來按上瓦崗先後順序把在正史中有名字記載的人員簡單排列一下。

翟讓、翟弘、翟摩侯、邴元真、賈雄、單雄信、徐懋功、王伯當、王當仁、周文舉、李公逸、齊國遠、李如珪、秦叔寶、羅士信、程咬金、魏徵、柴孝和、鄭頲、裴仁基、裴行儼、房彥藻、楊德方、鄭德韜、郝孝德、劉黑闥、房獻伯、王君廓、張亮、李士才、魏六兒、李德謙、張遷、周比洮、李文相等等。

這些人上瓦崗經歷大致如下：

翟讓為東郡韋城縣法司，犯事後越獄逃出，和哥哥翟弘、侄子翟摩侯，帶上自己的下屬縣吏邴元真、賈雄，再糾合上好友單雄信、徐懋功扯起大旗上瓦崗做起了響馬。

因為聲勢搞得很大，很快吸引了濟陽大盜王伯當、王當仁、周文舉、李公逸、齊國遠、李如珪等人前來加盟。

山寨的聲勢雖然大，但還停留在響馬的角色上。

李密上山後，對山寨進行了改組，並制訂了戰略目標，瓦崗軍才漸漸有了打天下的氣象。

瓦崗軍初期最驚豔的軍事行動是攻占滎陽。

此戰，唬得隋煬帝打出了自己手裡的王牌——名將張須陀前往救場。

哪料，李密巧妙設伏，不但全殲張須陀軍，還斬了張須陀本人。

張須陀死後，其麾下大將秦叔寶、羅士信、程咬金、魏徵等人也上了瓦崗。

此外，其他如柴孝和、鄭頲、裴仁基、裴行儼、房彥藻、楊德方、鄭德韜等隋朝官員因混不下去了，紛紛歸附山寨。

各地義軍也絡繹不絕前來投奔，有山東郝孝德、劉黑闥，河北房獻伯、王君廓、李士才，淮陽魏六兒、張亮、李德謙，譙郡張遷，上洛周比洮，魏郡李文相，等等。

山寨如此興旺，李密內心不可避免地發生膨脹，其先是設壇建立政權，自稱「魏公」，改元「永平」，後來又挑起內訌，殺死了翟讓，清除了翟氏集團。

集團內部發生了火拼，人心就散了。

不久，李密與王世充爭鋒，大敗。

吃了敗仗的李密和王伯當一起投唐，卻又不甘於寄人籬下，意欲發起叛亂，結果兩人雙雙被斬。

李密敗亡後，許多瓦崗人投降了王世充，比如單雄信、鄭頲、裴仁基、裴行儼、秦叔寶、羅士信、程咬金等。

當然，也有一部分人陸陸續續投入了李唐陣營，如徐懋功、張亮、王君廓、魏徵等。

秦叔寶、羅士信、程咬金幾個在王世充手下混了一段時間，覺得王世充不具備人主之相，轉而改投了李唐。

李唐與王世充相爭，則原來同在瓦崗吃飯喝酒的人各為其主，大打出手。

這也是民間流傳「寧學桃園三結義，不學瓦崗一爐香」俗語的來由。

不過，史書明確記載，劉關張三人曾「入則同臥，出則同坐」，的確情同兄弟，而瓦崗眾人間是否有深厚感情，就不得而知了。

唯一可以肯定的是，秦叔寶、羅士信、程咬金這幾個，原先都是張須陀的手下，一起上瓦崗，一起投唐，感情應該不錯。

單雄信、徐懋功上瓦崗前，已經是很要好的朋友，李密與翟讓火拼時，徐懋功差點被殺，是單雄信向李密苦苦哀求，才得以保全其性命。

而王世充集團崩盤，單雄信被擒，徐懋功也曾向李世民苦苦哀求，希望能保全單雄信性命。遭到李世民拒絕後，他在法場上送別單雄信，史書特地記了一個細節：徐懋功從自己的大腿割了一塊肉交給單雄信咀嚼，並承諾養育單雄信的遺孤，很讓人感動。

在正史記載中，瓦崗成員間的另一次厮殺，是劉黑闥在河北的作亂。劉黑闥圍城捉到羅士信後，並未手下留情，立刻將之斬殺。而劉黑闥後來被李世民俘獲，也未有任何瓦崗舊交為之求情。可見，真實的歷史比演義小說更殘酷，所謂「瓦崗兄弟」，只是小說家的臆想，實際上，很多曾經同在瓦崗生活過的人應該並沒什麼交情，甚至沒有什麼交集。

最後補充一下，秦叔寶、程咬金、魏徵、徐懋功、張亮等人後來都位列凌煙閣二十四功臣。其中的徐懋功名為世勣，字為懋功，投唐後，多有戰功，得李淵賜姓李，後李世民即位，為避諱，改稱李勣。

李勣與李靖並稱初唐兩大名將。

還有，裴仁基、裴行儼父子和鄭頲等人投王世充後，遭受猜疑，被王世充殺害。而裴仁基有一遺腹子，叫裴行儉，後來也成為一代名將。

憑啥說寧學桃園三結義，不學瓦崗一爐香？

舊社會道上的人義結金蘭，往往都是在劉關張畫像前恭恭敬敬地焚香跪拜，喝血酒，起盟誓，不求同年同月同日生，只求同年同月同日死！

大夥都說，寧學桃園三結義，不學瓦崗一爐香！

桃園結義劉關張兄弟三人真沒說的，真兄弟，有情有義！

《三國演義》裡寫他們情深似海，久別後重逢於古城一段直接看哭了許多人。

而當關雲長麥城失路，張飛索孝衣遇刺，更讓人哭得天昏地暗。

兩位義弟相繼死於非命，劉備暫態崩潰，方寸大亂，不管不顧，舉傾國之兵向東吳復仇。

在劉備看來，即便是輸掉天下，也要酬答當年桃園的誓言：不求同年同月同日生，只求同年同月同日死！

這是《三國演義》裡最感人至深的情節，無數英雄豪傑讀之動容，聞之落淚。

歷史上，劉關張結義與否，史不見載，但他們的情誼已勝似親兄弟。

史書裡記他們早年「入則同臥，出則同坐」，形影不離，推心置腹。

而他們的死，也幾乎與《三國演義》裡寫的一模一樣。

所以說，桃園結義劉關張兄弟三人，絕對當得上天下所有金蘭結義的人所效仿的範本。

相對而言，《說唐》裡寫瓦崗英雄四十六人在賈家樓結義，雖然也口口聲聲稱「不求同年同月同日生，只求同年同月同日死」，但四十六人中，彼此間缺乏互相瞭解，談不上真正的兄弟情誼。

比如，秦瓊母親大壽之日，單雄信和羅成一言不合，就在壽宴上大打出手，猶如瘋狗互咬。可以說，瓦崗結義一爐香，根本就是場鬧劇。他們最終的結局就是有福共同享，大難來了各自飛，你幹你的，我幹我的，不在背後捅刀子就是念舊情了。

因此，結義拜把，絕不可學瓦崗一爐香。

用清朝學者章學誠的話來說，「《三國演義》乃七實三虛惑亂觀者」，即《三國演義》寫的人物和情節大部分為史實。而《說唐》除了借用了隋唐年間的部分人名外，所寫情節基本是胡編亂造，並不屬實。

比如說，其所寫結義四十六人中有徐懋功（徐世勣）、魏徵、秦瓊、單雄信、程咬金、王伯當，這些人的確在瓦崗寨共同生活過一段時間，但並無結義的記載。其餘的張公謹、史大奈、屈突通、盛彥師、柴紹等人，絕對不是一條道上的人。張公謹、盛彥師和柴紹是李淵在太原起兵時的部屬，屈突通是隋朝守潼關的老將，而史大奈根本就是送馬助李淵取長安的東突厥使者。其他諸如尉遲南、尉遲北、魯明星、魯明月、南延平、北延道這些人，一看名字就是捏造的，史無其人。

那麼，儘管不存在瓦崗一爐香結義的事，但瓦崗群豪中，有沒有男兒間的真兄弟情呢？有的。

比如徐世勣和單雄信。

下面說一說他們的故事。

單雄信是曹州濟陰（今山東菏澤市曹縣西北）人，長得五大三粗，驍勇生猛，武藝高強，精於騎射，善使馬槊。與同郡人徐世勣關係友好，誓同生死。

一開始，單雄信沒有別的營生，有事沒事聚集一幫不明身分的少年以喝酒、賭博、擊槊為樂，依仗朋友東郡法曹翟讓充當保護傘，時不時做些不法勾當。

翟讓犯罪後，上了瓦崗山落草。

單雄信沒有別的路，也嘯聚起百十人，招呼徐世勣一起投奔翟讓，擁翟讓做帶頭大哥。

徐世勣乃是隋唐年間重量級的人物。

若干年後，功成名就的徐世勣曾不無自豪地說：「我年十二三為無賴賊，逢人則殺；十四五為難當賊，有所不快者，無不殺之；十七八為好賊，上陣乃殺人；年二十，便為天下大將，用兵以救人死。」

徐世勣是單雄信的至交，訂有生死約，家資頗豐，接了單雄信的邀請函，二話不說，散盡家財，跟著上山了。這一年，他才十七歲。

翟讓武勇有餘，智略不足，瓦崗山上的大權傾斜向另一個領袖——李密。

翟讓的哥哥翟弘不甘心，不斷在翟讓的耳邊吹風，要翟讓除掉李密。

這引起了李密的警覺。

於是，二虎相爭的局面一觸即發。

西元617年十一月，李密先下手為強。

當日，天大寒，細雪飄飛，李密派人邀請翟讓，包括徐世勣、單雄信、王伯當等人到自己的住處喝酒。

酒過三巡，李密出示良弓，讓翟讓鑑賞。

翟讓端弓細賞，讓人取箭，出庭院試射。

哪料弓尚未拉開，李密暗伏的甲士突然閃出，「颼」的一聲，刀光一閃，就把翟讓的半邊腦殼砍飛了。

被殺的還有翟弘、翟摩侯和另外幾個親信。

單雄信見勢不好，馬上俯下身子告饒。

徐世勣轉身奪路欲逃，卻躲不過身後砍來的一刀，翻身倒地，眼看第二刀就要砍下的時候，王伯當喝住了。

李密愛惜徐世勣的將才，上前親手為他裹傷止血。

徐世勣因此感念李密眷顧之恩，自瓦崗出鎮黎陽倉後，兢兢業業，苦心經營。

李密在北邙山遭遇大敗，西入潼關投奔了李淵。

李淵隨即派人到黎陽招降徐世勣。

徐世勣義肝俠膽，對來使說：「這裡的人眾土宇，皆屬李密所有，我如果將之當作我的私有財產呈獻給唐朝換取富貴，是利主之敗成己功，我實不齒為之。現在我雖然決定歸附唐王朝，但這裡的郡縣、戶籍、人口、軍隊、馬匹等清單，勞煩你幫我送報李密，由他去向唐王朝呈獻，我降唐，只代表我徐世勣個人。」

徐世勣此舉，讓李淵受到極大的震撼，感慨萬分地說：「徐世勣，真純臣也。」回頭，李淵賜徐世勣姓李，是為李世勣。

李密入唐又復反唐，與王伯當一道，於陸渾縣南邢公峴（今河南省盧氏縣官道口鎮的邢公山）被李淵的部將盛彥師伏殺。

李世勣痛哭之餘，上表請李淵批准自己把李、王的屍首縫合，並以君臣之禮厚葬。

歸葬之日，「三軍縞素」，李世勣一身重孝，以君禮將李密葬於黎陽山南五里的地方，墳高七仞。從前僚屬舊臣將士齊聲痛哭，李世勣更是泣至吐血。

王世充在北邙山大破李密，招降了許多瓦崗將領，其中就有單雄信。西元619年，王世充自立稱帝，國號鄭，年號開明，與李唐勢不兩立。這樣，唐軍就在洛陽與王世充展開了曠日持久的鏖戰。西元621年五月，李世民擊敗王世充，亡鄭，進入洛陽宮城，命人將以單雄信為首的十幾名重要戰犯押赴洛水河畔斬首。

李世勣出面為單雄信求情，說：「單雄信並非大奸大惡之人，且武藝絕倫，若收之於合死之中，必大感恩，堪為國家盡命。」

在遭到拒絕後，李世勣仍「請以官爵贖之」，願用自己所有的功勞來換單雄信的一條活命。

答案仍是拒絕。

李世勣只好備了好酒好菜到監獄裡為單雄信送別。

看到李世勣淚流滿面地出現，單雄信什麼都明白了，慘然笑著說：「我就知道這事是誰也辦不了的。」

李世勣哽咽著說：「你明天就要死了，按照當年我們的誓言，我不應獨活，但倘若我倆都死了，誰來照顧你的妻兒老小？」

單雄信默然。

突然，李世勣卷起褲管，抽出腰刀，手起刀落，在大腿上割下一塊肉，鮮血如注，可是，他哼也不哼，把血淋淋的肉遞給單雄信，說：「你吃了這塊肉，讓它跟隨你入土，也算我沒有違背當年的誓言。」

「好！好！好！果然是好兄弟！也不枉我們相交一場！」單雄信熱淚盈眶，大聲贊著，把肉塞入嘴裡，大口咀嚼……。

看看，李世勣與單雄信這份兄弟情雖然不能與劉關張相提並論，卻也是世上難得的珍貴情誼。

超級軍神李靖有多厲害？

下面先簡單說說這位軍神的厲害之處，儘管這會花費一點篇幅。

西元760年的唐朝肅宗時代，肅宗曾把李靖列為歷史上十大名將之一，並配享於武成王（姜太公）廟。

日本暢銷小說作家田中芳樹曾在雜誌上做了一項有趣的調查：由讀者投票公開評選中國歷代百大名將。

每一個人心中都有自己的百大名將人選，可是，不論是哪一種版本，李靖都不會落選。

按照田中芳樹的評選標準（不包括登上帝位的、不包括清朝滅亡之後的、不包括治軍能力有問題和殘殺百姓的），憑藉名氣和戰績，一共評選出九十九人。

從這九十九人中，再選出十名擁有卓越的軍事才能，創造了偉大的軍事業績，並且對後世軍事思想產生重大影響的佼佼者，是為中國歷代十大名將。他們分別是：

吳起、白起、韓信、霍去病、班超、曹操、李靖、徐世勣、岳飛、徐達。

歷史中的李靖，「兼資文武，出將入相」，「南平吳會，北清沙漠，西定慕容」，身經百戰，未嘗一敗，李世民贊他武功「古今所未有」。

西元630年，李靖提師親征，生擒頡利可汗，夷滅東突厥。李世民興奮地稱讚說：「李陵以步卒五千絕漠，然卒降匈奴，其功尚得書竹帛。靖以騎三千，喋血虜庭，遂取定襄，古未有輩，足澡吾渭水之恥矣！」

李淵也激動地讚歎道：「漢高祖困白登，不能報；今我子能滅突厥，吾託付得人，復何憂哉！」

夷滅東突厥，這是李靖為唐朝立下的第一大邊功，也是自古以來漢族與北方民族作戰所從未有過的豐功偉績！

突厥頡利可汗部落覆滅後，唐朝北方邊境從此晏然無事，周邊少數民族部落紛紛向唐朝稱臣，李世民的「天可汗」大時代來臨。

不久，李靖又用了短短半年的時間殲滅吐谷渾部落，平定了西北邊疆。

所謂平番滅國之功，前無古人，後無來者！

晚年的李靖在家閒居，曾著兵書以遺永晝，為後世留下了彌足珍貴的文字資料。

據傳，其兵書名為《李衛公兵法》或《衛公兵法》，可惜已經散佚不少，只在杜佑的《通典》和《太平御覽》中保留了部分文字。後世流傳的《李衛公兵法》其實是清人王宗沂根據《通典》和《太平御覽》中保留下的這些文字，再結合《舊唐書．經籍志》和《新唐書．藝文志》收錄的《李靖六軍鏡》三卷，收集成冊重新編訂的。

而對於李靖軍事思想闡述最為詳細、對後世軍事家影響最大的，則是《李衛公問對》。這部書也稱《唐太宗李衛公問對》，分為上、中、下三卷，書中以唐太宗提出的問題為中心，由李靖一一做出回答，主要是圍繞軍事學上的奇正問題展開了深入淺出的討論。除了奇正問題，唐太宗還詳細詢問了李靖所創的「六花陣」法。

儘管有人懷疑這部書是北宋人阮逸擬作和假託，但其中仍不乏真知灼見，極具參考價值和研究價值，稱得上兵法中的經典之作。

宋神宗於元豐三年（西元1080年）令朱服、何去非等人校訂編輯《武經七書》，《唐太宗李衛公問對》作為其中之一正式成為後世兵家的必讀教科書。

《宋史》卷二〇七《藝文志六》著錄還有李靖兵法多種：《韜鈐秘術》一卷，《韜鈐總要》三卷，《衛國公手記》一卷，《李靖六軍鏡》一卷，《李靖兵鈐新書》一卷，但北宋神宗時已經散佚。

成書於西元1042年的《崇文總目》則錄有《李靖行述》一卷、《韜鈐秘錄》五卷和《衛國公手記》一卷。

西元640年，李靖的妻子去世。李世民降詔舉國哀悼，讓人依照西漢名將衛青、霍去病舊例把李靖夫婦的墳墓修建在自己的陵墓昭陵旁邊，築成突厥鐵山和吐谷渾積石山形狀，表彰李靖的赫赫功績。

不久，李世民又降詔，令畫師畫李靖等二十四人的圖像懸掛於凌煙閣。

九年後（西元649年），李靖病逝，享年七十九歲，和夫人合葬。

李靖的一生是傳奇的一生，李靖的戰功是近乎神話一樣完美的戰功。

所以，李靖死後，關於他的傳奇故事不但沒被人們淡忘，反而越來越被後世敬仰和傳頌。傳說中，他死後經常顯靈，為百姓扶危濟困，百姓為其建廟供奉，於是到晚唐時候，李靖漸漸被神化了。

現在，不少人經過研究後認為，《西遊記》和《封神演義》中托塔天王的原型就是軍神李靖。相傳，唐玄宗李隆基就曾多次在公開場合宣稱自己得多聞天王相助大破番軍，所以多聞天王（毗沙門）成了軍中保護神。城樓上、軍營中都開始興建天王堂、天王廟，軍旗上也常畫天王像。在風行一時的毗沙門信奉熱中，人們自覺或不自覺地把托塔天王毗沙門與李靖聯繫在一起，認為當年的李靖就是毗沙門的轉世，隨著時間的推移李靖就成了托塔天王的形象代表。

即便在沒成為托塔天王的許多民間傳說裡，李靖也總被演繹為能夠呼風喚雨、撒豆成兵、金丹救命、飛劍殺人的神仙。

影響力比較大的便是《說唐》。

李靖在《說唐》裡的第一次出場是在第十二回《李藥師預言禍變，柴郡馬大耍行頭》，書中寫他「是京兆三原坊人氏，姓李名靖，號藥師，是林澹然徒弟，善能呼風喚雨，駕霧騰雲，知過去未來，為越公府中主簿」。

後來在第五十四回《李藥師計敗五王，高唐草射破飛鈸》又出場，用靈丹妙藥醫治好被妖僧飛鈸打傷的唐兵唐將，又用女人生產時流下的血染過的稻草破敵人妖法，後來雲遊遠走前，還免費送了一包仙福牌的藥粉給尉遲敬德，說是留作來日御果園護主時洗澡用……。

《說唐》裡面，李靖屬於神仙一級的人物，如雲中神龍，東一鱗西一爪，首尾不現，比半人半仙的徐懋功高多了。

以李靖為主角的小說中最著名的是杜光庭的《虯髯客傳》。

在書中，李靖得紅拂，遇虯髯客，際會風塵三俠，極富傳奇色彩。

李靖之與紅拂女，美女識英雄，英雄遇美女，千古佳話！

所謂：「非一妹不能識李郎，非李郎不能遇一妹！」

關於李靖的「風塵三俠」系列除了《虯髯客傳》外，比較有名的還有明代張鳳翼的《紅拂記》和張太和的《紅拂記》以及凌蒙初的《虯髯翁》。

超級軍神李靖李藥師，以不世的謀略建不世的奇功，千百年來為人們所傳頌。

為何稱李淵「高祖」而不稱「太祖」？

的確，同是開國皇帝，有的稱「高祖」，有的稱「太祖」，太混亂了。

其實，不但我們現代人混亂，古代人也很混亂。

中國是個禮儀之邦，講究尊長愛幼。

尊長的「長」，包括年紀比自己大的長輩，也包括地位比自己高的人。

尊長的「尊」，既要表現在行動上，也要表現在語言上。

在語言上，首先要懂得避諱，不可以隨便直呼「長者」的名字。

這麼一來，作為全天下地位最尊崇的人——皇帝，是沒有人可以直呼他的名字的。

臣子和皇帝討論問題，當著他的面，可以稱他為「吾皇」、「陛下」、「聖上」；在背後談及他時，仍然可以稱他「吾皇」、「陛下」、「聖上」稱「今上」。這都是沒有問題的。

但是，皇帝駕崩了，臣子或後人要談論到這個皇帝，就不能再用「吾皇」、「陛下」、「聖上」，或者「今上」這樣的字眼了，因為，皇帝駕崩後又有新皇帝繼位，「吾皇」、「陛下」、「聖上」、「今上」的稱呼得轉用到新皇帝身上。

所以，稱呼已經駕崩的皇帝得稱其廟號或謚號。

廟號制度始於商朝，商人重祭祀，會為死去的帝王建家廟祭祀，並給該帝王追尊廟號。

廟號最初只有四種：太、高、世、中。「太」為創基立業；「高」為功高蓋世；「世」為世代祭祀；「中」為中興基業。

謚號制度則始於周朝，紂王無道，武王替天行道，革成湯殷商之命，不設廟號，對死去的帝王，由臣子結合其一生功過予以評價上謚號。

周朝有謚無廟。

秦始皇一統宇內，認為謚號是「子議父、臣議君」，屬以下犯上，予以廢除，自上尊號始皇帝，其後代稱二世、三世以至世世代代。

到了漢朝，既恢復了謚號，也恢復了廟號，尤其重視廟號，認為有功德者才配享廟號，故漢代皇帝都有謚號，卻有相當部分沒有廟號。

劉邦有功有德，廟號為「太祖」，謚號「高皇帝」。

這一點，《史記・高祖本紀第八》很清楚地記述了給劉邦確定廟號和謚號的過程：「丙寅，葬。己巳，立太子，至太上皇廟。群臣皆曰：高祖起微細，撥亂世反之正，平定天下，為漢太祖，功最高。上尊號為高皇帝。太子襲號為皇帝，孝惠帝也。令郡國諸侯各立高祖廟，以歲時祠。」

可見，後人對劉邦的準確稱呼應該是「漢太祖高皇帝」。

之所以被稱為「高祖」或「漢高祖」，全賴司馬遷。

事情是這樣的，中國人對祖先的排序，按《爾雅・釋親》的解釋：「生己者為父母，父之父為祖（即祖父），祖父之父為曾祖，曾祖之父為高祖，高祖之父為天祖，天祖之父為烈祖，烈祖之父為太祖，太祖之父為遠祖，遠祖之父為鼻祖。」即從自己往前排，祖宗的輩分依次是：父親，祖父，曾祖，高祖，天祖，烈祖，太祖，遠祖，鼻祖。

前面也說了，商朝廟號制度裡，只有「太、高、世、中」四種，原本是沒有「高祖」這一項的。

司馬遷時代的「今上」是漢武帝劉徹，漢武帝劉徹的父親是漢景帝劉啟，漢景帝的父親是漢文帝劉恒，漢文帝劉恒的父親就是劉邦，劉邦的父親是劉太公。按上面《爾雅・釋親》的解釋，漢武帝劉徹要稱呼劉太公為高祖。但是《爾雅》上文郭注曰：「高者，言在最上。」《周書・康王之誥》又有「無壞我高祖寡命」的說法。在《周書・康王之誥》中，高祖指的是文王、武王。周康王把曾祖父周文王、祖父周武王一概稱為「高祖」，那是因為他們是周朝的肇基業者，上最上之尊稱。有周禮可以援引，漢武帝就稱曾祖父劉邦為「高祖」。司馬遷和其他武帝朝的大臣也就跟著漢武帝劉徹來稱呼劉邦為「高祖」，給劉邦寫的本紀也寫作《高祖本紀》。

而東漢班固在寫漢書時，沒有跟著漢武帝稱呼劉邦為「高祖」，《高祖本紀》改成了《高帝本紀》。

《漢書・高帝紀第一下》在記述群臣給劉邦確定廟號和謚號的過程時，也把「高祖起細微」一語改為了「帝起細微」。

不管怎麼樣，經過司馬遷這麼一來，後人都弄混了，以為劉邦的廟號是「高祖」，「太祖」被誤認成是「高祖」。

當然，也有研究史學的人認真研讀了《史記》、《漢書》，知道劉邦真正的廟號是「太祖」，但沒注意到被寫成「高祖」的來由，於是乎，很長一段時間，「高祖」和「太祖」就畫等號了。

即使不畫等號，也弄得很混，認為這是兩個不同的廟號，或者是先有太祖，再有高祖；又或者是先有高祖，再有太祖。

比如漢朝之後的曹魏政權，曹操廟號為「太祖」，曹丕廟號為「高祖」。

而到了晉朝，情況反過來了，司馬懿廟號為「高祖」，司馬昭廟號為「太祖」。

十六國時期，後趙石勒廟號為「高祖」，石虎廟號為「太祖」；前秦苻洪廟號為「太祖」，苻健廟號為「高祖」。

南北朝時，劉裕廟號為「高祖」，劉義隆廟號為「太祖」；南梁蕭衍廟號為「高祖」，其父親蕭順之廟號為「太祖」；南陳陳霸先廟號為「高祖」，其父親陳文贊廟號為「太祖」。北齊高歡的廟號最初是「太祖」，後來又改為「高祖」。

隋朝楊堅廟號為「高祖」，其父親楊忠廟號為「太祖」。

唐朝李淵廟號為「高祖」，其父親李虎廟號為「太祖」。

到了五代，像朱溫、李克用、郭威等廟號為「太祖」，石敬瑭、劉知遠等廟號為「高祖」……。

一句話，「高祖」和「太祖」沒什麼嚴格區分，那些「始受封為太祖，始受命為高祖」的解釋根本說不通。

不過，自宋朝而後，就只有「太祖」而沒有「高祖」出現了。

但到了清朝，一下子湧出了很多「祖」，有「肇祖原皇帝」孟特穆、「興祖直皇帝」福滿、「景祖翼皇帝」覺昌安、「顯祖宣皇帝」塔克世、「太祖皇帝」努爾哈赤、「世祖章皇帝」福臨、「聖祖仁皇帝」玄燁。

清朝為什麼要這麼多「祖」？

《孔子家語》說了「祖有功而宗有德」，即有功曰祖，有德曰宗，「祖」有別於「宗」，稱「祖」者，功多於德。清朝皇帝稱「祖」者多，即是想表達清朝建立的偉業多啊。

李淵錯殺了一個人，致使戰亂迭起

大唐開國，秦王李世民東征西討，略定四方，其最得意之戰，莫過於「圍洛打援」，以正兵圍困洛陽城內的鄭王王世充，以奇兵在虎牢關阻擊河北夏王竇建德，一舉擒兩王。

此戰，在中國軍事史乃至世界軍事史上都大放異彩，成了軍事教科書上的必備章節。

李世民進入洛陽宮城，吩咐記室房玄齡入中書、門下省收隋朝的圖籍制詔，安排蕭瑀和竇軌等人封存府庫，清點好金帛，發放犒賞將士。

然後把段達、王隆、崔洪丹、薛德音、楊汪、孟孝義、單雄信、楊公卿、郭什柱、郭士衡、董睿、張童兒、王德仁、朱粲、郭善才等十幾名戰犯押赴洛水河畔斬首。

這十幾名要犯中，大多數是罪大惡極之徒。

比如其中的朱粲，就是活脫脫的「人間惡魔」。他燒殺擄掠，嗜吃人肉，荼毒生靈，傷天害理，人神共憤，被斬。

圍觀的百姓爭相向朱粲的屍身拍板磚，不一會兒，屍爛如肉泥，跟著，瓦石堆積如山，洛陽上下拍手稱善，人心大快！

又比如其中的段達，此人曾經在楊廣手下為虎作倀，殘害忠良，後來又成了王世充的幫凶，並且是殺害皇泰主楊侗的直接凶手，被斬。

……

不過，其中的薛德音僅僅因為草擬過一份對抗大唐的檄文，崔洪丹僅僅因為製造出殺傷力超大的巨型弓弩，單雄信僅僅因為在北魏宣武陵前向李世民刺出罪惡的一槊，就被列入這「罪大惡極」的行列，就有些過了。

和小說和戲曲裡面的人設一樣，歷史上的單雄信英武神勇、豪俠仗義，聚嘯山林，雄霸江湖，講情義，重然諾，贏得了三山五嶽朋友的交口稱讚，在天下各路劫富濟貧的英雄裡獨一份。後來和兒時玩伴李世勣、翟讓等人聚義瓦崗寨，成為天下反隋組織中的一大勢力。

單雄信臨刑，李世勣向李世民求情，卻遭到了李世民的斷然拒絕。

李世勣為單雄信送行一幕，感動了許多人。

實際上，秦王李世民麾下，瓦崗舊將那是一抓一大把，如秦叔寶、羅士信、程咬金等，這些人不可能沒有任何想法。

觀看行刑的普通民眾也不斷地竊竊私語。

如果說，斬殺單雄信，只是激起一個小漣漪，那麼，不久後斬殺的另一個人，則激起了驚天巨浪。

李世民徹底平定王世充、竇建德所屬全部地盤，凱旋長安城。

不日，李淵升殿面責王世充，羅列出十條罪狀，將其貶為平民，全族流放巴蜀。同時，命人將竇建德安置於囚車上，當成祭品帶到太廟告祭先祖，而後押出鬧市斬首。

單雄信和竇建德的死，破了一個魔咒，大魔君從魔戒裡橫空跳出！

這個大魔君和單雄信一樣，同是瓦崗舊將，另外，他還有一個身分：竇建德的兒時好友。

竇建德在河北起事，劉黑闥從瓦崗改投好夥伴，成了夏國的大將軍，漢東郡公。

劉黑闥在竇建德麾下效力的日子裡，遍游諸敵，善觀時變，驍勇善戰，率兵東征西擊，少有敗績，軍中稱為「神勇將軍」。

竇建德被擒，竇建德夫人曹氏捧璽舉國降唐，劉黑闥二話不說，解甲歸田，侍弄莊稼，過起了農耕生活。

這並不是他的性格。

史書上載劉黑闥「無賴，嗜酒，好博弈，不治產業，父兄患之」。就因為不務正業，所以家貧，難以維持生計，從而經常得到竇建德的接濟。可是，每拿到好朋友的資助後，他都會很快地將錢揮霍掉，最後才不得不走上了亡命江湖、刀口上討飯的生活。

現在之所以安心地回家耕種，是因為牽掛著竇建德的安危。

「只要我們解除了武裝歸隱田園，不會對他們構成威脅，他們就不會為難竇大哥了。」

這是劉黑闥簡單而純真的想法。

可是，他錯了。

他沒能等回自己心愛的竇大哥，只等到了竇大哥被斬首的消息。

劉黑闥驚呆了！

夏王竇建德在長安被斬首後，李淵隨即派出接收大員前來河北：陳君賓為洺州刺史，鄭善果為慰撫大使，秦武通駐防洺州。

陳君賓不就是李淵最早安排在邢州（今河北邢臺市）的那個總管嗎？

前年竇大哥大破邢州時，曾生擒活捉過他，按照大夥當時的意思，把他砍了算了，可是寬厚的竇大哥把他放了。

鄭善果，也是老熟人了，這廝本來是楊廣的大理卿，後來竟然從了宇文化及，做宇文化及的民部尚書，由揚州一路北上，在聊城被竇大哥生擒。想不到，竇大哥釋放他以後，他居然又跑路到了李淵手下混飯吃。

……

這樣一幫人，現在狐假虎威，都回來了。

劉黑闥突然想到，如果竇大哥被俘之後，我們擁立新主，重整河山，也許李淵父子投鼠忌器，不會殺竇大哥，現在，人家是刀俎，我們卻成了任人宰割的魚肉！

不但劉黑闥這樣認為，夏國舊臣中的許多人也因為竇建德的死，開始如夢初醒，追悔莫及。

竇建德的死訊，猶如一顆重磅炸彈，在河北大地爆炸了。

劉黑闥等大夏將領之前沒有反對曹氏投降，也沒有繼續反抗，想法只有一個：希望這樣做能換回他們所尊敬愛戴的竇大哥。

所以，他們自動地解散了，在山裡田間隱居，等候著竇大哥生還的消息。

可是，現在，竇大哥死了。

而且，李淵派來的官員竟然在四處搜捕曾經的夏國的部眾，抓住了就進行嚴刑拷打。

高雅賢、王小胡家在洺州，被追捕得很急，兩人倉皇出逃，亡命到了貝州。

而在貝州的范願、董康買、曹湛等人已經在同一時間接到了李淵發來的通告，要求收到通告即日起，馬上到長安報到。

對於李淵的通告，劉黑闥等夏國將領皆認為是一個誘敵之計，意圖將他們聚在一起，一網打盡。

統一了思想後，眾人歃血為盟，誓與李淵鬥爭到底！

第二天，劉黑闥豎起了為夏王復仇的大旗，鄉里馬上有百餘人跳起來回應。

七月十九日，劉黑闥率眾以迅雷不及掩耳之勢攻占漳南縣城，拉開了二次反唐的序幕。

這個時候距夏王竇建德遇難僅僅八天。

消息傳到長安，李淵感到相當意外，趕緊下令在洺州設中央駐河北特遣政府——山東道行台，由淮安王李神通為山東道行台右僕射。同時，在魏州、冀州、定州、滄州等州府設置作戰指揮部，把河北的行政架構改編為戰時編制，試圖四面合圍，一舉掐死這隻秋後的蝗蟲。

可是，事實證明，竇建德的復仇大軍並不是秋後的蝗蟲，而是浴火重生的鳳凰、蒼龍！

西元621年的中秋前後，河北境內風雲變色，地撼山搖。

八月十二日，劉黑闥進擊鄃縣（今山東夏津縣），唐魏州（今河北大名縣東北）刺史權威、貝州（今河北清河縣西）刺史戴元祥率部迎戰，結果全軍覆滅，權、戴二人陣亡，劉黑闥「盡收其器械及餘眾千餘人」，士氣大振，附近的夏王舊部，聞風來附，部眾一下子上升到了兩千人。

劉黑闥在漳南設壇，隆重地舉行了告祭儀式，焚香向竇建德的在天之靈陳說自己舉兵的本意，祈天保佑，然後宣布自己為大將軍。

十天後，劉黑闥攻破曆亭（今山東武城縣東），生擒唐屯衛將軍王行敏。

痛定思痛，李淵下詔徵發關中的三千禁衛軍精銳，由大將秦武通、定州（今河北定州市）總管李玄通率領，會同幽州（今北京）總管羅藝從南北兩面圍剿劉黑闥。

然而，未等大軍會合，在曆亭大戰的感染下，以徐圓朗為首的八州英豪雲集景從紛紛匯入劉黑闥的反唐隊伍。這八州分別是：兗州、鄆州（今山東鄆城縣）、陳州（今河南淮陽縣）、杞州（今河南杞縣）、伊州（今河南汝州市）、洛州（今河南洛陽市東北）、曹州（今山東定陶區）、戴州（今山東金鄉縣）。

一時間，河北烽煙四起，復仇的熊熊烈火燒遍黃河兩岸。

為了撲滅劉黑闥燃起的這場大火，李淵先後啟用了太子李建成、齊王李元吉、秦王李世民領兵出征，打了兩年多的仗，付出了數萬將士的生命。

如果沒有李世民之前處死單雄信、李淵之後處死竇建德的行為，其實，這場戰爭是完全可以避免的。

他曾擒殺天下第一反賊，卻死得很冤

宋州虞城（今河南虞城縣）人盛彥師是隋唐年間的一個牛人。

李淵從太原起兵，時為隋朝澄城長的盛彥師就看好李淵，率手下千餘人趕到汾陰投入李唐集團，任行軍總管，多有戰功。

當然，盛彥師最為堪誇的戰功是擒殺「天下第一反賊」李密。

李密與王世充爭雄失敗後，也投到了李唐陣營，但受到的待遇與期望值不符，又反唐出走山南。

盛彥師跟隨史萬寶鎮守宜陽，李淵發指令要他們到山南狙擊李密。

史萬寶聽了李密的名字，立刻嚇尿了，一個勁兒地對盛彥師說：「李密是出了名的驍賊，又有劇盜王伯當輔佐，他們這是謀定而後動，決策反叛，他手下的兵士東歸心切，如果咱們沒有十拿九穩的把握，輕易不要去碰他們。兵在死地，殆不可當。」

盛彥師卻胸有成竹地說：「我帶數千人前往，必梟其首。」

史萬寶面無人色地問：「憑什麼？說來聽聽。」

盛彥師嚴肅地回答道：「兵者詭也，原諒我不能提前告訴你。」

不日，盛彥師領兵翻越了熊耳山南麓，在道路兩邊部署：弓弩手登高夾路埋伏，刀盾手在溪谷隱密，叮囑大家說：「待賊半渡，一時齊發，弓弩手居高縱射，刀盾手趁亂出擊。」

當時，有人就問他了：「早聽李密宣布要東入洛州，咱們卻到這個荒山野嶺埋伏，這不是南轅北轍嗎？」

盛彥師說：「李密揚言要去洛陽，其實是故意放的煙幕彈，他是想走襄城投奔張善相。等他入了谷口，我從後面追擊，山路險隘，手腳展不開，他們只要有一個猛士殿後，全軍就可從容脫逃。現在我提前入谷，給予他迎頭痛擊，一定擒之。」

事後證明，一切正如盛彥師所料。

盛彥師一擊得手，飲譽中原，成就了一世威名。

但是，料敵有先機的盛彥師卻死得很冤。

話說，李世民運用「圍洛打援」之策一舉擊殺王世充、竇建德兩大反王後，竇建德座下第一大將劉黑闥表示嚴重不服，在河北起兵，搞得烽煙四起。

當時，另一割據勢力徐圓朗也正在譙州（今安徽亳州市）和杞州（今河南杞縣）一帶蠢蠢欲動。

李淵擔心徐圓朗會跟劉黑闥聯手，就派盛彥師去安撫徐圓朗，意圖打破他和劉黑闥聯合的企圖。

可是，盛彥師尚未到任城，徐圓朗已經把生米做成熟飯了，和劉黑闥互通聲氣，自稱魯王，起兵反唐。

盛彥師來了，徐圓朗就把盛彥師捉了起來，請他喝酒吃飯。

飯飽酒足，讓他寫信勸降正在鎮守虞城的弟弟，盛彥師詭異地一笑，執筆寫道：「吾奉使無狀，為賊所擒，為臣不忠，誓之以死；汝善侍老母，勿以吾為念。」

徐圓朗勃然變色，但是盛彥師神情自若，鎮定從容。

良久，徐圓朗笑了，說：「盛將軍有壯節，不可殺也。」

不殺卻也不肯放，把他留在軍營中好酒好菜招待著。

徐圓朗甚至還盤算著，過了年，托媒人給盛彥師說上房好媳婦，讓他樂不思蜀。

劉黑闥被李唐平滅了，徐圓朗仍對劉黑闥製造出來的「以劉氏為主吉」的讖言深信不疑。河間人劉復禮哄徐圓朗說：「彭城有劉世徹，才略不常，有異相，士大夫許其必王，將軍不如奉他為王，號召天下，功無不濟。」

徐圓朗於是不疑有他地要派人迎劉世徹。

盛彥師冷笑說：「將軍如果真的要迎劉世徹，那好日子就到頭了。」

徐圓朗被雷住了，一支筷子掉落在地上，驚問：「此話怎麼說？」

「你想想啊，劉世徹若做了王，請問，你徐圓朗的位置應該往哪兒擺？你沒聽說過李密殺翟讓的故事嗎？」

徐圓朗恍然大悟，對盛彥師感謝不已。

幾天後，劉世徹率千餘人來到了瑕丘，徐圓朗假仁假義地迎他入城，然後突然翻臉，收編了他的部隊，三下兩下，就把他給弄死了。

徐圓朗殺劉世徹自以為得計，其實是一步臭棋。

試想想，人家劉世徹沒招你沒惹你，是你自己說要奉人家為主的，人家來了，又耍賴誆殺了人家，這是要整哪齣？

人們一看徐圓朗是這麼一個出爾反爾、凶殘好殺的主，莫不寒心，人心遂散。

人心一散，隊伍就不好帶了。

不久，李唐進兵河南，幾乎沒費什麼功夫就狂取十幾城，平定了徐圓朗的大部分勢力。

眾叛親離的徐圓朗在一個深夜帶著幾個隨從騎馬棄城逃逸，可惜他並沒找到屬於自己的那一條「華容道」，出城不遠便被人殺死了。

看著唐朝軍旗招展，盛彥師由衷地感到高興，以為自己可以回家了。

然而，令盛彥師萬萬想不到的是，「賊平，彥師竟以罪賜死」，王師平定之日，接待他的竟是李唐賜死的毒酒一杯。

罪名是：俘而不自盡。

不知盛彥師垂死之際，有沒有想起那個被他伏擊身亡的李密？

在刻薄寡恩的李唐政府跟前，兩個人終究殊途同歸。

女版慕容復，先後嫁父子四人

讀過金庸武俠小說《天龍八部》的人都知道，與喬峰齊名的姑蘇慕容復是個為復國而生、為復國而狂、為復國而癲、為復國而死的悲劇人物。

為了復國，他廢寢忘食，終日奔波於江湖之中；為了復國，他不顧兒女私情，狠心拋棄癡戀自己的「神仙姐姐」王語嫣；為了復國，他置恩信仁義於度外，無情地殺死了追隨自己的心腹家臣；

為了復國，他無視禮義廉恥，屈膝拜倒在段延慶跟前……。

《天龍八部》全書就是以慕容復瘋癲的場景來結束的：「眾人都悄悄退了開去。但見慕容復在土墳上南面而望，口中兀自喃喃不休。」

歷史上，也有一個終日做著偏執而狂熱復國夢的人，而且是個女人。

這個女人是隋朝宗室女。開皇十九年，隋文帝為發展與突厥的友好關係，將其封為義成公主，遠送東突厥和親，嫁給突厥首領啟民可汗。

義成公主嫁啟民可汗時才十幾歲，而啟民可汗已經是個不折不扣的老男人了。

大業三年，楊廣曾帶領五十萬大軍、十萬匹戰馬北巡突厥。啟民可汗和義成公主率領依附部落的酋長南下迎接。

見面的那一晚，鼓樂喧天，雙方都沉浸在盛大而歡樂的氛圍中。

啟民可汗帶頭割下手臂上的肉獻給隋煬帝，表示臣服。

隋煬帝的蕭皇后則和義成公主咬著耳朵說悄悄話，彷彿總有說不完的祕密。

兩年後，啟民可汗死了。依照突厥習俗，義成公主嫁給了啟民可汗的兒子始畢可汗。

始畢可汗是個野心家，而隋煬帝是個喜愛折騰的人。

隋煬帝可勁地建東都、開運河、征高句麗、通西域、游江都，搞得民窮財盡，天怒人怨，給始畢可汗提供了入侵的機會。

大業十一年，始畢可汗發動數十萬人南下把隋煬帝團團圍困在雁門郡城裡。

隋煬帝眼看就要束手就擒，忽然想到了義成公主，趕緊派人前去聯絡。

義成公主當然不能坐視不理。她冒著被殺的危險，謊稱突厥邊境有情況，成功地騙走了始畢可汗，使隋煬帝從鬼門關前得以平安回來。

但義成公主救得了隋煬帝一時卻救不了他一世。不久，隋煬帝就在江都被宇文化及殺死了。隋煬帝的遺孀——蕭皇后也落到了宇文化及的手裡。

宇文化及是個無能之輩，隨即被農民起義領袖竇建德收拾了。

義成公主驚悉哥哥的死訊和嫂嫂的下落，便以突厥可汗的名義向竇建德要人。竇建德不敢與兵強馬壯的突厥人為敵，乖乖地將蕭皇后送給了義成公主。

話說，野心家始畢可汗是個短命鬼，得暴病死後，義成公主按風俗嫁給了下一任可汗繼承人——始畢可汗的弟弟處羅可汗。

後來，蕭皇后到了突厥，也嫁給了處羅可汗，姑嫂共事一夫。但處羅可汗更加短命，娶義成公主還不足一年，也生病死了。

義成公主和蕭皇后又成了處羅可汗的弟弟頡利可汗的女人。義成公主一直念念不忘要復國，日夜要為哥哥隋煬帝報仇。

經歷多番磨難的蕭皇后卻很不以為然，她認為大唐開國，民心穩定，隋朝已經成了歷史，要復國只能是做夢。

姑嫂之間由此產生了隔閡。

義成公主挑動突厥人一次次地進犯中原，給唐朝帶來很大麻煩。

其中最險的一次，發生在武德九年。

那一年，李唐發生了玄武門之變。

義成公主在頡利可汗的枕邊吹起了枕頭風，說唐王朝政治局勢不穩，正是出兵之機。

頡利可汗於是帶領數十萬騎兵南下，旋風一樣殺到了離長安不遠的渭水便橋。

初登帝位的李世民沒有辦法，只好硬起頭皮，在渭水便橋上會見了頡利可汗，並把府庫裡所有錢財拿出來，送給突厥各部落首領。

頡利可汗目光短淺，見好就收，揮揮手，撤退了。

這一次，李唐王朝簡直險過剃頭。

也因為頡利可汗的撤兵，義成公主氣了個半死。

這之後，義成公主再也沒有任何復國的機會了。

貞觀三年，北方的薛延陀、回紇等部背叛了突厥。

頡利可汗不得不東奔西走，率軍鎮壓，異常狼狽。

這種情況下，唐王朝發起了迅猛而準確的一擊——名將李靖突如其來地殺到突厥，當場處決了義成公主。

頡利可汗也成了李世民的「階下囚」；蕭皇后則被李世民封為昭容。

義成公主的故事才徹底畫上句號。

絕代美女先後嫁了六位君主

「沉魚落雁，閉月羞花」是中國古代文人給西施、王昭君、貂蟬、楊玉環四大美人的讚語，誇張地比喻她們的美超越了生物界和自然界，可以讓魚雁生慚，花月羞愧。

但這四人的容貌只盛開於短暫的青春華年，只見寵於一時。

歷史上，還有一位美麗的女子，風華絕代，傾國傾城，是世上英雄豪傑的傾慕對象，是海內君主的畢生追求，卻一生顛簸漂泊，充滿了傳奇色彩。

她，就是南朝後梁明帝蕭巋的小女兒蕭美娘。

占卜奇人袁天綱曾給蕭美娘相面，開出的評語是：母儀天下，命帶桃花。

蕭美娘八歲那年，被隋文帝指定為二皇子楊廣的王妃。

五年後，南朝梁滅亡，年方十三歲的蕭美娘嫁入帝王之家，嫁給了二十五歲的楊廣。

受蕭美娘八字論斷的鼓舞，野心勃勃的楊廣在朝內積極運作，暗中培養自己的勢力，最後如願以償，成為隋朝新一任皇帝。

蕭美娘也就順理成章地成為蕭皇后。

登上了帝位的隋煬帝很快迷失了自我，荒淫無道，不理朝政，勞民傷財，最終引起天怒人怨，四海鼎沸，時局動盪。

隋煬帝第三次南下江都時，隨御駕前往的宇文化及殺死了隋煬帝，登基當了皇帝，封蕭美娘為淑妃。

宇文化及只是一個投機者，而非革命者。投機者的事業只能暫時，不能長久。很快，宇文化及就被農民起義領袖竇建德打敗。

竇建德在打敗宇文化及前一年已建立了夏國，把蕭美娘收入了自己的後宮。遠嫁到突厥和親的隋煬帝的妹妹義成公主偶然得到了蕭美娘的下落，派使者到夏國的都城樂壽要人。

突厥勢力強大，竇建德不敢招惹，只好乖乖放人。

到了突厥，義成公主的夫君處羅可汗立刻被蕭美娘的美貌吸引，二話不說，就把她納為了可汗嬪妃。

短短一年後，處羅可汗去世，頡利可汗繼位。

按照突厥風俗，頡利可汗要繼承老可汗的所有財產，包括老可汗的全部妃子。這樣，蕭美娘與義成公主姑嫂兩人轉嫁給了新可汗。

頡利可汗的年紀和蕭美娘相仿，對蕭美娘寵愛有加。

蕭美娘因此認定，這個男人將是陪伴著自己走完人世旅途的人。

事情的發展，似乎也正與蕭美娘所希望的一樣，她與頡利可汗恩恩愛愛，過了十多年波瀾不驚的平靜生活。

然而，命運再一次跟她開起了玩笑。

貞觀四年，大唐名將李靖舉兵攻打突厥，俘獲了蕭美娘。

這時的蕭美娘已經四十八歲了。

蕭皇后入朝時，絲毫不顯老態，身影婀娜多姿，眼神顧盼流離，儀態萬千。比她小了十七歲的唐太宗李世民對她一見傾心，不顧眾人的反對，冊封她為昭容。

在盛大的歡宴會上，唐太宗執著蕭美娘的纖纖玉手，脈脈含情地問她：「眼前的場景比隋朝又如何？」

蕭美娘微微一笑，淡然回復說：「陛下是盛世明君，為何要與亡國之君相提並論呢？」這個回答讓唐太宗聳然動容，從而對蕭美娘的寵愛又多了幾分。

在歷盡種種坎坷與離亂之後，蕭美娘終於找到了自己的最後歸宿，在大唐後宮裡度過了人生最後十八年歲月，安詳地結束了一生。

「昆明池政變」是史實，還是別人捏造？

唐太宗一生文治武功，堪稱千古一帝。

但是，他有一個洗不掉的污點：發動了玄武門政變，誅兄殺弟，迫父退位。

對於這個污點，學者柏楊並不把罪惡都歸咎於李世民。

他說：「這跟李世民不友不孝無關，專制政體病毒一旦發作，就是如此殘酷野蠻，人在其中，身不由己，否則便輪到自己身陷虎口。」

的確，現在我們讀史，不難發現其中的血腥和殘酷。

比如，《資治通鑑》卷一百九十一就記載有多起李建成、李元吉欲在暗中加害李世民的紀錄。

一、李元吉曾對李建成直言要除掉李世民，說：「當為兄手刃之！」他是這麼說的，也真是這麼幹的。某天，李世民跟隨李淵前往李元吉府第，李元吉就安排了護軍宇文寶埋伏在寢室裡面，差點就刺殺了李世民。

二、李淵在京城南面設場圍獵，太子李建成、秦王李世民和齊王李元吉都隨同參與。李淵讓他們騎馬射獵，互角勝負。李建成有一匹胡馬，膘肥體壯，但有尥蹶子（發怒時，跳起來用後腿向後踢）的毛病。李建成假惺惺地將這匹胡馬交給李世民說：「此馬甚駿，能超數丈澗，弟善騎，試乘之。」李世民騎上追逐野鹿，在高速奔跑中，胡馬忽然尥起後蹶，所幸李世民眼疾手快，早早飛身落地，躲過了災難。

三、李建成透過後宮嬪妃向李淵誣陷李世民說：「秦王自言，我有天命，方為天下主，豈有浪死！」李淵怒不可遏，差點拿李世民下法司案驗。

四、李元吉透過誣告秦王府車騎將軍張亮圖謀不軌，意欲牽引出李世民，但張亮是個硬漢子，硬是頂住了拷問。

五、李建成夜召李世民，飲酒而鴆之，當時，李世民暴心痛，吐血數升。

……

當然，最讓人聳然動容的是所謂的「昆明池政變」。

關於這個政變的陰謀，《舊唐書・巢王元吉傳》是這樣記載的：

建成謂元吉曰：「既得秦王精兵，統數萬之眾，吾與秦王至昆明池，於彼宴別，令壯士拉之於幕下，因云暴卒，主上諒無不信。吾當使人進說，令付吾國務。正位已後，以汝為太弟。敬德等既入汝手，一時坑之，孰敢不服？」率更丞王晊聞其謀，密告太宗。

即突厥人進侵，李元吉自告奮勇，領兵出擊。他向李淵要過了李世民的精兵部將，認為已斷李世民羽翼，自己又統領數萬兵馬，有恃無恐。他和李建成密謀，準備以餞行為名，拉李世民到昆明池宴飲，彼時，讓埋伏在帷幕後的勇士將李世民一舉擊殺。李建成認為，到時候就向李淵解釋說李世民是暴病死去的，諒李淵不會不信。他鼓動李元吉說：「我再派人勸說父皇，要他把朝政交給我。登位以後，就立你為皇太弟。尉遲敬德等人已經落到你的手中，一併活埋掉，誰敢不服？」哪料，這番密謀被率更丞王晊全部聽在耳裡，飛報給了李世民。

但是，這個陰謀關係重大，司馬光感到有些難以置信。他在《資治通鑑·考異》中說：「建成等前鴆秦王，高祖已知之。今若明使壯士拉殺而欺云暴卒，高祖豈有肯信之理？此說殆同兒戲……事之虛實皆未可知，所謂疑以傳疑也。」

基於這種理解，司馬光在編纂《資治通鑑》時，基本照抄了李建成對李元吉說的話，但卻是透過王晊向李世民告密的方式來轉述的，至於真假，就交由讀者自己判斷了。

司馬光作為一個大史學家，既然明確提出了自己的懷疑，肯定會影響到《資治通鑑》的絕大部分讀者。

讀者都會認為，玄武門事變後，李世民成了勝利者，後來登位，已掌握了絕對的話語權，那麼，肯定會炮製出一系列無中生有的事件，把自己打扮成一個受害者，為給自己發起的玄武門行動披上一件正義的外衣。

大家懷疑不但所謂的「昆明池政變陰謀」根本不存在，甚至那些胡馬尥蹶、飲酒鴆殺、後宮構陷等事件，全是李世民指使史官偽造出來的。

人們給出的理由似乎很充分：李建成已經是皇太子、國家的儲君、帝國未來的接班人了，只要李淵蹬腿咽氣，江山就是他的了，他哪犯得著惹是生非，處處設計謀殺李世民？

正常情況下，這種推理、這種邏輯是非常有道理的。

問題是，大唐開國，李世民的功勞太大了，所謂功高震主，他已經嚴重威脅到李建成的太子地位了，要說李建成完全沒一點感受，肯定是假的。

即任何人坐在李建成的位置上，都不可能無視李世民的存在。

那麼，為了清除掉來自李世民的威脅，就必須使出壯士斷腕的手段。

這也就是柏楊所說的「專制政體病毒」了，該病毒一旦發作，就必定產生「不是你死、就是我亡」的嚴峻形勢。

君不見，後世的清康熙朝太子胤礽，兩立兩廢，兩次在太子位期間，形勢所迫，身不由己，不但有手足相殘之念，還鋌而走險，想發起宮廷政變，誅殺康熙，搶班奪權。

所以，說「你都已經是太子了，未來的皇位就是你的了，還爭什麼爭」之類言論的人，只能說，見識太少了。

當然，司馬光的懷疑，並不出於此。

司馬光是覺得，先前李建成已有過一次鴆殺李世民失敗的案例，如果在昆明池設鴻門宴刺殺李世民，回頭又向李淵撒謊說是李世民患病暴卒，則一定騙不了李淵，所以，「此說殆同兒戲」。

司馬光僅僅根據李淵「事後」不會相信「李世民患病暴卒」，從而就懷疑「昆明池政變陰謀」

的存在性，其這一推斷讓人啞然失笑。

我們來看，玄武門事變，李建成和李元吉已經斃命，李世民「使尉遲敬德入宿衛」，尉遲敬德擐甲持矛，直奔李淵正在泛舟的海池。李淵大吃一驚，問：「今日亂者誰邪？卿來此何為？」尉遲敬德聲若洪鐘地對答：「秦王以太子、齊王作亂，舉兵誅之，恐驚動陛下，遣臣宿衛。」諸位想想看，李淵是否相信尉遲敬德的回答呢？但是，事已至此，不相信又能如何？

同樣道理，如果李建成的「昆明池政變」成功，他向李淵彙報「秦王已經患病暴卒」，李淵又能說什麼呢？估計還是他在聽了尉遲敬德對答後發出的那一聲歎息：「不圖今日乃見此事，當如之何？」

所以，一旦政變成為既定事實，李淵的「信」與「不信」，已不重要了。

當然，也不能以「司馬光的懷疑有沒有道理」，從而得出「昆明池政變密謀」一定存在的結論。

「昆明池政變密謀」的存在，是可以從很多地方找得到依據的。

比如，李建成和李元吉在入朝前，李元吉有一種不祥預感，認為李世民可能會有什麼非常舉動，勸李建成集結軍隊靜觀其變。李建成自信滿滿地回答說：「兵備已嚴，當與弟入參，自問消息。」

看看，「兵備已嚴」——李元吉勸李建成之前，李建成未必想到李世民會在該日採取行動，那他的「兵備已嚴」，我們應該理解為並非被動地「防」，而是主動地「擊」，即是為「昆明池政變」做了周密的準備。

實際上，李建成說的「兵備已嚴」也並非虛言，當李世民甫一發難，東宮和齊王府將領的兵馬立刻殺到了現場，反應速度之快，出人意料。所幸李世民的部將張公謹及時關閉了宮門，這才化險為夷。

還有，《資治通鑑》記：玄武門政變結束，李世民成了勝利者，讓人帶來李建成的洗馬官魏徵，生氣地責問道：「汝何為離間我兄弟？」魏徵舉止自若，從容作答：「先太子早從征言，必無今日之禍。」魏徵這話是什麼意思？他在感歎：如果太子早一點聽從我的建議，提前行動，他就不會落到這個下場了。

顯然，魏徵是痛心於李建成的「行動」開展得太晚了。

有多晚呢？

「昆明池政變密謀」就發生在玄武門之變的幾天前啊！

種種跡象表明，「昆明池政變密謀」還真不是李世民指使史官捏造的。

唐初真正的「門神」不是秦瓊和尉遲恭

貼門神是春節的習俗之一。

充當門神的兩大神將傳說是唐初開國功臣秦瓊和尉遲恭。

傳說的依據可參考《西遊記》第十回〈二將軍宮門鎮鬼，唐太宗地府還魂〉。說的是魏徵夢遊斬妖龍，妖龍死而魂未散，夜夜喧鬧皇宮，唐太宗夜不能寐。

尉遲恭和秦瓊自告奮勇，各取披掛，介胄整齊，執金瓜鉞斧，在宮門外把守。妖龍遠遠看見兩位將軍威風凜凜、殺氣騰騰，不敢走近，落荒而去。

唐太宗雖得安寧，卻又不忍二位將軍辛苦，於是召來巧手丹青，摹畫下他們的真容，貼於門上。

從此，兩位英雄豪傑舊勳臣，「千年稱戶尉，萬古作門神」。

不過，傳說只是傳說，實際上，真正在關鍵時刻充當過「門神」作用的，乃是另外兩個人。其中之一，就是凌煙閣二十四位功臣中，位列第十八位的郯國公張公謹。

大家都知道，唐太宗的生命中曾經出現過一扇決定他個人生死榮辱、天下走勢的大門——玄武門。

《舊唐書》卷六十八《張公謹傳》（《新唐書》卷八十九《張公謹傳》同）云：「（武德九年）六月四日，公謹與長孫無忌等九人伏於玄武門以俟變。及斬建成、元吉，其黨來攻玄武門，兵鋒甚盛。公謹有勇力，獨閉門以拒之。」

李建成和李元吉進宮被殺，他們手下的黨羽謝叔方、馮立率軍前來搏殺，關鍵時刻，是張公謹關閉了城門，使「東宮、齊府精兵二千不得入」，幫助李世民奠定了勝局。

張公謹也因此在李世民登位後出任代州都督，封定遠郡公，直至後來畫像凌煙閣，風光無限。

但是，有一個明擺著的問題：當時埋伏在玄武門附近的，不過張公謹與長孫無忌等九人，單憑九個人，就算暫時關閉了大門，也不可能扛得住敵人的破壞與圍攻。

另外，當日隨同李世民進宮搏殺李建成、李元吉，以及控制皇宮，逼迫唐高祖李淵就範的還有七百二十名衛兵。這些人是如何順利通過玄武門，從而進入皇宮的呢？

基本上，人們認為是監門將軍敬君弘、中郎將呂世衡的功勞。

《舊唐書》卷一百八十七《忠義傳上・敬君弘傳》（《新唐書》卷一百九十一《忠義傳・敬君弘傳》同）記：「武德中（敬君弘）為驃騎將軍，掌屯營兵於玄武門，加授雲麾將軍。隱太子建成之誅也，其餘黨馮立、謝叔方率兵犯玄武門，君弘挺身出戰，與中郎將呂世衡並遇害。太宗甚嗟賞之，贈君弘左屯衛大將軍，世衡右驍衛將軍。」

看，這兩人負責守門，而且在馮立、謝叔方引軍來攻時，出兵迎戰，可惜不幸戰死。

20世紀初，法國漢學家伯希和從敦煌掠走了許多珍貴的敦煌文書，收藏在法國巴黎國家圖書館。史學大師陳寅恪為此專門到法國巴黎圖書館研究這些敦煌文書，發現了一卷李義府撰的《常何墓誌銘》，考證出了常何才是關鍵人物。

根據唐朝的城門管理制度，每個城門共有三名守將，分別是：城門郎、監門將軍、中郎將，如果要打開城門，需要這三個官員共同協作，對勘合符才能開門。

這麼做的目的是三人相互制約，以保護皇宮的安全。

當時玄武門的城門郎是常何，中郎將是呂世衡，監門將軍是敬君弘，但真正管理城門的是常何。

《常何墓誌銘》中的記載是：「（武德）七年，奉太宗令追入京，賜金刀子一枚，黃金卅挺，令於北門領健兒長上，仍以數十金刀子委公錫驍勇之夫，趨奉藩朝，參聞霸略，承解衣之厚遇，申繞悵（帳）之深誠。九年六月四日，令總北門之寄。」

據此可知，常何是李世民早在武德七年就布置在玄武門的一顆棋子，而在玄武門兵變當日，他又「總北門之寄」，即總領北門之屯軍，所以，他才是關鍵人物。

陳寅恪指出：「唐代守衛宮城北門之禁軍，以其屯駐地關係之故，在政變之際，其向背最足為重輕。」

但是，對於這個關鍵人物，為何「舊史記載卻殊多隱諱」呢？

原來，唐太宗即位後，不想讓世人知道他在武德七年就有奪嫡之預謀，而精心炮製出玄武門兵變是臨時自衛的假像，所以故意隱去了常何在該事件中的功績，沒有在凌煙閣記功，而另從他處彌補。

這樣，常何本是隋末唐初的重要人物，卻因此未能在兩唐書中獨立成傳，僅在《馬周傳》、《東夷傳》、《李密傳》和《太宗本紀・下》中簡略提及，語焉不詳；《隋書》甚至對其人其事隻字未提。

敦煌遺書中這卷《常何墓誌銘》，無疑為後人研究常何其人及隋末唐初的政治史提供了寶貴材料。

可以這樣說，常何在李世民武裝入城時開門放行，張公謹在李建成援兵臨近時關門攔截，很好地充當了「門神」的作用，他們才是貨真價實的「門神」。

秦瓊沒參加玄武門事變

李世民很夠意思，非常善待大唐開國功臣，尤其是跟隨他發起玄武門事變的那一票哥兒們，全部高官厚祿供著養著，即使這些人中出現了劉弘基、長孫順德之類的貪污巨頭，並且是怙惡不悛、一貪再貪的慣犯，也都慣著寵著。

在參加玄武門事變的名單中，有人質疑並沒有秦瓊。

真是奇了怪了。

《舊唐書》和《新唐書》都有秦瓊參加了玄武門事變的記載。

《舊唐書・太宗本紀》裡面白紙黑字地記有：「六月四日，太宗率長孫無忌、尉遲敬德、房玄齡、杜如晦、宇文士及、高士廉、侯君集、程知節、秦叔寶、段志玄、屈突通、張士貴等於玄武門誅之。」看清楚了，這裡有秦叔寶的名字——叔寶，就是秦瓊的字。

《舊唐書・秦瓊列傳》有記：「六月四日，從誅建成、元吉。事寧，拜左武衛大將軍，食實封七百戶。」這篇傳記的傳主是秦瓊，顯然，「從誅」二字前面省略掉的主語就是秦瓊，而且，後面那一句「事寧，拜左武衛大將軍，食實封七百戶」，也明擺著是參與了行動而獲得了升官封賞。

《新唐書・秦瓊列傳》則記：「及平隱、巢，功拜左武衛大將軍，實封七百戶。」隱，是指隱太子李建成，巢是指巢王李元吉，可見，這條記載和《舊唐書・秦瓊列傳》裡面的記載是一樣的。

兩本權威正史都記載了秦瓊參與了玄武門事變，那為什麼還有人堅持認為他沒有參加呢？

這些人認為秦瓊沒參加玄武門事變的依據是：

一、秦瓊的勇猛彪悍與尉遲恭相同，在事變中，尉遲恭戲份特別多，他先是親手格殺了李元吉，然後提著李建成、李元吉的腦袋瓦解了太子黨薛萬徹、謝叔方、馮立等軍的軍心，又「擐甲持矛」去見李淵。而向來勇冠三軍的秦瓊，卻全無表現，那麼，只有一個可能：他根本就沒有參加這場事變。

二、在大唐開國過程中，秦瓊居功至偉，以他的功勞，不進入三甲，也不會低於尉遲恭與程咬金。但在後來的凌煙閣二十四功臣中，他卻排到了最後一位。造成這種狀況，就是因為他沒有參加玄武門事變。

為什麼秦瓊沒參加玄武門事變呢？也有人給出了貌似「合理」的解釋：

一、秦瓊是一個忠義之士，連來護兒也稱讚其「加有志節」，他感激於李淵的知遇之恩，不忍心去參與皇子相殘的流血事件。

二、秦瓊歷次作戰負傷太多，疾病纏身，玄武門之變的時候，他的身體不好，李世民出於對他的愛護，堅持不讓他參加。

三、事變前李元吉有領兵攻打突厥的任務，已把秦王府的一部分兵將要了過去，這裡面就包括有秦瓊，則秦瓊是想參加而不可得。

這「沒有參加事變」和「為什麼沒有參加事變」的一共五條理由都是站不住腳的，下面就逐條進行駁斥。

一、認為秦瓊與尉遲恭齊名，那是受了小說演義和戲曲的編排影響，不要以為《西遊記》把這兩個人安排成了門神，就認為無論尉遲恭做什麼事，秦瓊就必須跟著做同樣的事。是，秦瓊是勇猛彪悍，但從正史看，他的表現是遠遠不及尉遲恭搶眼的。尉遲恭在跟隨李世民鏖兵洛陽時，曾以個人之神勇從「飛將」單雄信的槊下救出李世民；在虎牢關之戰中，李世民持弓、尉遲恭執槊，兩人組成最佳闖陣組合，率領玄甲兵衝陣；在平定劉黑闥的戰鬥中，李世民衝陣，被賊軍重兵圍困，又是尉遲恭拍馬殺到，單騎翼護李世民潰圍而出……看看，在這些關乎李世民生死的激戰中，不也同樣沒有秦瓊的身影出現？

說到這，估計有人不服氣，會爭辯說，如果秦瓊真參加了玄武門事變，以他的勇猛彪悍，怎麼會弄不出一點動靜來？

但是，從上面提到的李世民參加過的戰鬥紀錄來看，李世民的個人戰鬥力算是超強的了，何以在玄武門事變中，他竟差點被李元吉用弓弦絞死？這又該如何解釋？

二、瞭解了上面辯駁的第一條，就知道所謂「大唐開國過程中，秦瓊居功至偉」的說法是一個笑話了，是受小說演義和戲曲影響太深。實際上，秦瓊的能力和功勞甚至都不能跟程咬金相比，畢竟程咬金有過單獨帶兵出征的經歷，而秦瓊畢生都沒有過這樣的資格。

還有人說，秦瓊是凌煙閣功臣中唯一一個在玄武門事變前就封為國公的人——他在平定王世充後就得封為翼國公。

這些人，明顯是沒有認真讀史。

平定王世充後，程咬金不也被封為宿國公了嗎？

很殘酷的現實是：如果秦瓊沒有參加玄武門事變，他連第二十四名都排不上。

當然還會有人要爭：李靖和李勣不也沒參加玄武門事變嗎？他們不也同樣榮登凌煙閣，並且成功排上了號？

我只能說，秦瓊連程咬金都比不了，焉能跟李靖和李勣這樣的高級統帥相比？

三、說秦瓊重情義、有氣節的人，得先瞭解一下秦瓊的個人簡史。

秦瓊最初是隋將來護兒的部將，後隨張須陀討伐李密。張須陀戰死，秦瓊歸裴仁基部下，隨裴投降李密，得到重用。李密失敗後，投降王世充，因不滿王的為人，於西元619年（唐高祖武德二年）同程咬金等人一起投唐。

看到了吧？人們讀《三國演義》，都取笑呂布是曆事數主，是「三姓家奴」，若以此標準來給秦瓊打分，秦瓊的分數怕是高得離譜吧？從哪兒看得出他的「忠」和「義」來？他的第一任主人來護兒稱讚他「加有志節」，那是看走眼了。

四、沒有任何史料可以證明玄武門事變時，秦瓊病得動不了了。而這場事變，關乎李世民秦王派系的生死存亡，李世民的兵力遠少於李建成一方，肯定要傾巢出動，尉遲恭、秦瓊、程咬金都屬於「萬人敵」式的猛將，他怎麼會將之雪藏？

還有，李世民在事變前派人去召喚房玄齡、杜如晦前來商量大事，兩人推辭說皇上發敕書不允許他們再事奉秦王，他們不敢去。

李世民聽了回報，森然作色說：「玄齡、如晦豈叛我邪！」取佩刀遞給尉遲恭，說，「公往觀之，若無來心，可斷其首以來。」

那些不知當時形勢緊急的人，竟然猜測臆想「李世民出於對他的愛護，堅持不讓他參加」，豈不讓人笑掉大牙？

反過來，也可以這樣理解：在玄武門事變的非常時刻，任何秦王派系的人想置其身於事外都不可能，秦瓊身為秦王府右三統軍，在秦王急於用人之際，如果抗命，結果必定是被尉遲恭「斷其首以來」。

五、齊王李元吉領兵攻打突厥，是把秦王府的一部分人要了過去，這裡面是有秦瓊，但也有程咬金。

想想看，程咬金既然參加了玄武門行動，為什麼秦瓊就參加不了？

另外，根據《舊唐書・巢王元吉傳》記，李元吉等人正在謀劃一出「昆明池政變」，李建成說了，政變一旦成功，不但李世民喪命，則「敬德等既入汝手，一時坑之」，即作為李世民忠實部將的尉遲恭、秦瓊等人也必須停止呼吸。

有人以為李建成、李元吉等人真要成功了，也未必會對秦瓊等人下這樣的毒手。誠如李世民成功了，並沒有殺害原屬太子黨的魏徵、薛萬徹等人一樣。

但，人與人是有區別的，李建成、李元吉不等同於李世民。

且看李建成為拉攏尉遲恭，先是「贈金皿一車」，被拒後，就惱羞成怒，和李元吉密謀，派出了刺客，企圖行凶作案。刺殺行動失敗，又向李淵誣陷尉遲恭，致使尉遲恭被關進奉詔命特設的監獄裡審問處治，差點被殺掉。

所以，於公於私秦瓊都必須參加玄武門事變。

事實上，秦瓊也參加了玄武門事變，只不過，在事變中的作用沒有凸顯出來罷了。

玄武門之變後，李世民為什麼吮李淵的乳？

《舊唐書》和《新唐書》均無李世民「跪而吮上乳，號慟久之」之語，而僅見於司馬光的《資治通鑑》，應該是司馬光的借題發揮。

借哪兒的「題」來發揮呢？

借歐陽修《新唐書》中關於唐高祖奇形異稟的描寫。

《新唐書・高祖本紀》中寫「仁公生高祖於長安，體有三乳，性寬仁，襲封唐公」。

看，唐高祖「體有三乳」，卻在其漫長一生中沒有發揮過這「體有三乳」的特殊功能，不在這玄武門之變後非常時刻及時出現，以化解父子間劍拔弩張的緊張關係，又更待何時？

必須說明的是，唐高祖「體有三乳」之語只見於《新唐書・高祖本紀》，《舊唐書・高祖本紀》卻沒有相關記載。

但成書於《舊唐書》之後、《新唐書》之前的《太平御覽》卻於卷七三一方術部十二相下條轉《唐書》曰：高祖生長安，紫氣充庭，神光照室，體有三乳，左腋下有紫痣如龍。初有善相者史良言於高祖曰：「公骨法非常，必為人主。至於命也，非所敢知。」

注意，《舊唐書》原名為《唐書》，蓋因歐陽修的《新唐書》問世，才改稱為《舊唐書》。

即《太平御覽》所轉《唐書》應該就是《舊唐書》。

然而，現在的《舊唐書》，僅有後面的「公骨法非常，必為人主」等語，並無前面「高祖生長安，紫氣充庭，神光照室，體有三乳」的記載，懷疑是後世在流傳刊印過程中脫漏了。

另外，成書於《太平御覽》之後、《新唐書》之前的《冊府元龜》卷四十四帝王部奇表也記載有「唐高祖體有三乳，左腋下有紫痣如龍」。

可見，「唐高祖體有三乳」的記載應該來源於《舊唐書》。

編撰《舊唐書》的劉昫、張昭遠等人為五代時期後晉人，距離唐高祖生活的年代近三百年，他們肯定沒有見過唐高祖本人，而《舊唐書》之前，目前為止，並沒發現有什麼書記載有「唐高祖體有三乳」的。

那麼，記載「唐高祖體有三乳」的始作俑者，應該就是《舊唐書》！

而《舊唐書》這麼寫，又應該是即興發揮。

須知，古代史家寫帝王將相傳記，多會賦予許多神靈色彩。

比如舜帝生有兩個眼瞳，劉邦腳底有七十二顆痣，等等。

至於紅光紫煙、瑞麟日角，也是多見不怪。

劉昫、張昭遠等人的腦洞為什麼開得這麼大，會想到賦予「唐高祖體有三乳」的神奇呢？

這其實並非他們的原創。

今輯殘本《屍子》就有記載：「文王四乳，是謂至仁。」
《史記・周本紀》也記：「文王龍顏虎肩，身長十尺，胸有四乳。」
周文王是王中聖賢，唐高祖比他差一點點，那就「體有三乳」好了。
那《屍子》為什麼會想像「文王四乳」呢？
乳是初生赤子賴以養命的口糧，古人樸素的思想裡，聖人多乳，就可以布恩四方，孳育天下。
《北史・魏本紀》也因此寫：「昭成皇帝諱什翼犍立，平文之次子也。生而奇偉，寬仁大度，喜怒不形於色。身長八尺，隆準龍顏，立髮委地，臥則乳垂至席。」
什翼犍為北魏太祖拓跋珪的先祖，後世史家為了美化他，讓他與周文王相提並論，竟然寫他「乳垂至席」，可謂駭人聽聞！
現在我們知道，「文王四乳」是不可能有的；「唐高祖體有三乳」也是不可能有的；什翼犍「乳垂至席」更是不可能有的。
那麼，您還會相信李世民會「跪而吮上乳」嗎？
完全是一派胡話。
可笑的是，李宗侗、夏德儀竟然望文生義，在《資治通鑑今注》中牽強附會地說：「跪而舐上之乳房，以示為孺子時無間之態。」
真要這樣解釋，我覺得，盡信書還不如無書。
《梁書・始興王蕭憺傳》中有記載，說梁朝始興王蕭憺有德政，造福一方，於天監七年被梁武帝徵召還朝，當地百姓如赤子戀父，依依不捨，作歌謠唱：「始興王，民之爹。赴人急，如水火。

何時復來哺乳我？」這最後一句「何時復來哺乳我」，如果由李宗侗、夏德儀兩位來解釋，恐怕真會解釋成「您什麼時候再回來給我餵奶」！

還有，朱熹曾經勸宋寧宗去看望退位的宋光宗，要他「望見太上皇帝，即當流涕伏地，抱膝吮乳，以伸負罪引慝之誠」，這裡的「抱膝吮乳」，應該可與李世民「跪而吮上乳」作同解吧？

李世民殺了李元吉，為什麼還霸占他的妻子？

李世民誅兄殺弟的行為，《舊唐書》、《新唐書》、《資治通鑑》等書都有明確交代，並從一定程度上進行了評論和譴責。

但李世民霸占弟弟李元吉妻子的事，卻隱藏得比較深。

有可能，編纂史書的人覺得這根本不算什麼事兒；當然，也有可能是要為尊者諱。

比如，《新唐書》只在《李明傳》裡似是漫不經心地寫了一句：「曹王明，母本巢王妃，帝寵之，欲立為后，魏徵諫曰：『陛下不可以辰嬴自累。』乃止。」

《舊唐書》也只是簡單地記載：「復以曹王明為元吉後」。

也可見，李世民霸占弟弟李元吉妻子的事是千真萬確的。

在程朱理學盛行的宋代，史學家范祖禹察知此事，氣得渾身發抖，在《唐鑑》一書中破口大罵：「太宗手殺兄弟，曾不愧恥，而復納元吉之妃，惡莫大焉。」

在范祖禹看來，李世民發動政變、手殺了兄弟，那也是大政治家的做派，無可厚非，但無恥接納弟婦，卻是莫大的惡行。

那麼李世民為何「甘冒天下之大不韙」要強納弟弟李元吉的妃子楊氏呢？

主要有兩種說法。

一、有人認為李唐有鮮卑血統，又受突厥人「父兄死，子弟妻其群母及嫂」的婚俗影響，因此出現了如此醜事，所謂「唐源流出於夷狄，故閨門失禮之事不以為異」是也。

二、又有人從政治影響方面分析，說李元吉的楊妃是弘農楊氏的後裔，和隋楊皇族祖出同源，即整個楊氏家族在政治上都很有影響力，李世民迎娶楊氏，一來是安撫楊氏家族，二來是要拉攏楊氏家族的支持，穩固自己的政治地位。

我個人覺得，第二種說法比較靠譜。

至於兄弟先後娶了同一個女人，並不是鮮卑或突厥人特有的婚俗。且看李世民在長孫皇后薨後要立楊氏為皇后時，魏徵說「不可以辰嬴自累」，援引了秦穆公把女兒懷嬴先後嫁給晉國的公子圉和晉文公重耳叔侄二人的事例。

由此可見，在唐代，程朱理學尚未盛行前，兄弟同婦，或者真不是什麼見不得人的大事兒。

李世民在玄武門之變後，這樣對他的功臣

漢高祖劉邦崛起於社會底層，文化不多，但行事處世果斷決絕，說話服眾，話糙理不糙。

話說，漢五年，漢集團已經消滅了項羽，平定了天下，劉邦召集眾臣，論功行賞，將首功歸於

蕭何。

眾將不甘，說：「我等被堅執銳，多者百餘戰，少者數十合，攻城掠地，大小各有差。蕭何徒持文墨議論，未嘗有汗馬之勞，如何反居臣等之上也？」

劉邦掀鬚大笑，說：「諸位懂得打獵嗎？」

群臣面面相覷，不知主子何故有此一問。

劉邦侃侃而談：「打獵要有獵人和獵狗相配合完成，追殺捕捉獵物的是獵狗，而發現獵物蹤跡發號施令的卻是獵人；出兵打仗也一樣，衝鋒陷陣的人相當於獵狗，這發號令的卻是獵人。所以，你們只能算是功狗，蕭何卻是功人。」

補充一下，劉邦眼中的功狗，最能幹的無疑是韓信、彭越、英布這三個，但這三個都死得很慘。

大唐開國，也有一大群功狗、功人。

對唐太宗李世民而言，在玄武門之變中跟隨他剷除李建成、李元吉集團的那夥人無疑是他最得力的功狗。

這些人的結局都是什麼樣的呢？

玄武門之變前，李世民讓占卜的人燒龜甲卜吉凶，張公謹拿起龜甲扔在地上，力主行大事當果斷立決。李世民深然其言。玄武門之變中，李建成、李元吉黨羽狂攻玄武門，張公謹有勇力，「獨閉門以拒之」。李世民即位，拜代州都督，後封鄒國公。張公謹病死於貞觀六年四月辛卯（初八）日，時年僅三十九。李世民不避辰日而哭。

長孫無忌是李世民發動玄武門之變最堅定、也是最重要的支持者，武德九年六月四日，其與張公謹等九人早早埋伏於玄武門之外，為事變勝利奠定了基礎。玄武門之變後為相，且為李世民臨終前的托孤大臣。只因在高宗時期反對立武則天為皇后遭到打擊，後自縊身亡。

尉遲敬德是玄武門之變的主要角色，他親手殺死齊王元吉，又率兵威逼李淵下旨立李世民為太子，為擁立之功第一。他本人也因此居功自傲，曾於宴會之上倚老賣老，高論軍功，並打傷某宗室將領。但李世民只是對他做出口頭警告，僅此而已。尉遲敬德晚年閉門自守，得享天年。

侯君集早年跟隨李世民征討有功，玄武門之變中，其獻策居多。玄武門之變後征討吐谷渾，攻滅高昌。班師時，私吞高昌戰利品而被彈劾。但李世民念其功多，不予追究。但其在後來諸子爭儲的鬥爭中，依附太子李承乾，圖謀殺李世民，事泄被殺。李世民雖殺了侯君集，仍留其子以傳承香火，並且時常觀侯君集畫像而哭。

杜如晦是李世民奪取政權的主要謀臣之一，玄武門事變前，一度為太子李建成忌憚，被外調出秦王府。玄武門之變後，被拜為兵部尚書，進封蔡國公，病逝於貞觀四年。

與杜如晦並稱為「房謀杜斷」的房玄齡也是李世民得力的謀士之一，參與玄武門之變，與杜如晦、長孫無忌、尉遲敬德、侯君集五人並功第一。李世民即位後，房玄齡一直得到重用，病逝於貞觀二十二年（西元648年）。

程咬金在玄武門之變中也出力頗多。其在唐高宗時出征賀魯，濫殺被劾，雖被免官，卻得善終。

劉弘基在玄武門之變中擁立李世民，貞觀年間因多次貪污被彈劾，李世民不忍治罪，只是將他貶官。征高句麗時，又復起用，有戰功。病死於高宗永徽元年（西元650年），年六十九。

秦叔寶也參與了玄武門之變，事後被封為左武衛大將軍，貞觀十二年（西元638年），在任徐州都督時去世，陪葬昭陵。

長孫順德在玄武門之變前，功勞並不顯，但在玄武門之變中，其與秦叔寶等人共同打擊李建成的餘黨，得封食邑一千二百戶，又被特賜宮女。貞觀年間因多次貪污被彈劾，李世民不忍治罪，只貶其官而已，病故。

以上人等肖像均被標榜在凌煙閣上，成了二十四功臣的大部分。

其餘參與了玄武門之變，沒上凌煙閣的劉師立、公孫武達、獨孤彥雲、杜君綽、鄭仁泰、李孟嘗等人也得到了很高待遇，並且全屬善終。其中的劉師立曾被人密告其欲應符讖想造反，李世民不信。

綜上所述，凡跟隨李世民參與了玄武門之變的功狗，除了侯君集因參與謀反被誅殺外，其他人的下場都很好。

可見，李世民被稱為「千古一帝」不是沒有道理的。

跟隨李世民打天下有多幸福

成語「灌夫罵坐」的主角灌夫本姓張，因父親張孟是潁陰侯灌嬰家臣，得賜姓灌。灌夫在吳楚七國之亂中表現勇猛，屢建奇功，被封為中郎將。戰後，又改任代國宰相。西元前131年，安武侯田蚡娶燕王的女兒。灌夫奉王太后的命令前去祝賀，在席間遭到田蚡及他的手下的怠慢，灌夫借酒使性，破口大罵，大鬧酒宴，最終招致殺身之禍。

類似的劇情，在唐朝也出現過一次。這次，扮演「灌夫」角色的是開國功臣尉遲敬德。

尉遲敬德，河南洛陽人，曾在隋朝末年應募入伍跟從隋煬帝伐高句麗，官至朝散大夫。後追隨馬邑鷹揚府校尉劉武周造反，於唐武德二年（西元619年）攻河東，破榆次，拔介休，克太原，成了新興唐政權的一大勁敵。武德三年（西元620年），秦王李世民親自督軍進討，招降了尉遲敬德。尉遲敬德歸唐後，為唐朝的一統大業南征北戰，出生入死，建下了赫赫功勳。

尉遲敬德武藝超群，力大無比，有萬夫不當之勇，多次在衝鋒陷陣中一人手殺百人、數百人。他的著名「代表作」是「單鞭奪槊」：他在東討王世充的戰鬥中，與李世民在北邙山遭到王世充萬餘騎包圍。其時，王世充麾下勇將單雄信飛馬橫槊，直取李世民，尉遲敬德躍馬大呼，單鞭把單雄信打下戰馬，迫使王世充軍隊退卻，使李世民突出重圍。在稍後的邙山之戰中，尉遲敬德緊隨李世民衝陣，往返無能阻攔，擒王世充將陳智略，斬首千餘級。

李世民感念尉遲敬德數次救駕之恩，「恩眄日隆」。武德四年（西元621年）和武德五年（西元622年），尉遲敬德隨李世民分別鎮壓了竇建德、劉黑闥起義，功高蓋世。

玄武門事變前夕，太子李建成與齊王李元吉結成私黨，「贈金皿一車」，用重金收買尉遲敬德。尉遲敬德斷然拒絕。李世民大贊說：「公之心如山嶽然，雖積金至門，豈能移之？」

李建成收買失敗，遣刺客前來殺害尉遲敬德。刺客懾於尉遲敬德威名，終不敢動手。

玄武門事變爆發，李世民在混戰中馬失前蹄，跌落馬下，李元吉迅速趕到，準備用弓弦絞死李世民。關鍵時刻，尉遲敬德猶如神兵天降，手殺李元吉。其後又割下李建成的首級，飛馳兩軍陣前，平息了混亂和騷動。

玄武門事變中，尉遲敬德「論功第一」，賜絹萬匹，官至右武侯大將軍。

貞觀初年，突厥入境擄掠，尉遲敬德被授為涇州道行軍總管，前往阻擊。

尉遲敬德旗開得勝，擊敗突厥於涇陽。所獲珍寶財物，散送士卒，軍隊士氣大振，所向披靡，戰無不勝。

尉遲敬德如此生猛，到了晚年，不免有些倚老賣老，居功自傲。

某天，唐太宗在慶善宮設宴，宴請文武官員。

尉遲敬德看見有人坐在自己之上，憤憤不平，喝了幾杯酒，趁著酒勁，直言直語地說：「爾何功，坐我上？」

唐太宗的叔叔、任城王李道宗在一旁做和事佬，出面勸解了幾句，卻被氣在頭上的尉遲敬德連揍了幾拳，眼睛差點被打瞎。

唐太宗對尉遲敬德的表現非常不高興，板著臉對尉遲敬德說：「朕觀漢史，曾怪高祖時的功臣很少有保全自己的，今日視卿所為，才知韓信、彭越被戮，並非漢高祖之過，國家大事，只有賞與罰，橫恩不可數得，請自勉自修，不要有後悔莫及的一天！」

聽了唐太宗的話，尉遲敬德的酒意霎時盡去，脊梁湧起一層層冷汗，趕緊頓首相謝，以老辭官。

這之後，尉遲敬德杜門謝客，專事養生，十六年不問政事，善終於顯慶三年，年七十四，諡「忠武」。

開國猛將因為女性化的乳名就被皇帝處死

說唐太宗李世民是千古一帝，大概沒多少人會反對。

隋末亂世，四海鼎沸，李世民在太原說動父親李淵起兵，自己被堅執銳，入長安，平薛舉父子，破劉武周，一舉擒獲竇建德、王世充，滅劉黑闥，蕩滌宇內，一統天下，戰功蓋世。玄武門事變後，李世民登基，勵精圖治，又開創貞觀盛世，為赫赫盛唐奠定了堅實的基礎。

文治武功之外，李世民更被視為史上罕有的寬容明君。他推崇「慎刑寬法」的清明政治，在位期間，對於每一名重囚犯的處置，都要「三覆五奏」，把死刑的終審權收歸中央，以免出現冤假錯案。李世民諄諄告誡大臣：「死者不可復生，用法務在寬簡。」

貞觀六年（西元632年），李世民還做了一件千載以來前所未有的事：讓近四百名死囚回家過年。

這四百名死囚感激涕零，過年後，一個不少，全都自覺回到獄裡。

此事被後世推崇為佳話。

李世民對生命充滿尊重和敬惜之情，實不負明君之譽。

然而，《舊唐書》卻記錄有一件與這位「明君」形象相去甚遠的血腥事件，讓人不寒而慄。

貞觀初年，太白星屢現於白天，似乎是要向世上預兆些什麼。太史令於是占測，結果是：「女主昌。」即將有女皇帝興起。當時就流傳有謠言說：「應當有女皇帝統治天下。」太宗聽了大為厭惡。當時李君羨任左武衛將軍，守玄武門。太宗某次宴請武官，行酒令，讓每人都說出自己的乳名。李君羨羞答答地說自己的乳名叫「五娘子」。太宗愕然，隨即大笑道：「何物女子，如此勇猛！」回頭聯想到李君羨的封邑是武連郡公，官職是左武衛將軍，把守的是玄武門，都帶個「武」字，不由得深惡痛絕。恰巧御史又密奏李君羨與妖人員道信相勾結，欲行不軌，於是太宗便下詔將李君羨殺了。

唐太宗為什麼看到李君羨與一連串「武」字有關就深惡痛絕，《舊唐書》沒有專門解釋，但這件事，《舊唐書》有收錄，《新唐書》和《資治通鑑》也有收錄，我們從《資治通鑑》找答案。

《資治通鑑》第一百九十九卷記：民間又傳《祕記》云：「唐三世之後，女主武王代有天下。」上惡之。

原來，不單流傳有謠言「當有女主王者」，《祕記》還有「唐三世之後，女主武王代有天下」的預言。

什麼叫《祕記》呢？

祕記又叫讖記，其他如謠讖、讖語、圖讖、圖書之類的名字，說的也是它，屬於一種政治性預言的抄本。起源很早，以口頭形式流傳時叫謠言、讖語，寫成文字、繪成圖就叫圖書、祕記。歷史上最著名的讖語就是流行於漢朝時的「代漢者當塗高」，但事後證明這是無中生有的胡編瞎造。

《祕記》有「女主武王代有天下」的預言，女人當皇帝，曠古沒有，唐太宗認為不會真有女人來主宰大唐江山，這「女主」是另有所指，李君羨乳名「五娘子」，又與一連串「武」字有關，預言會應在他身上，所以對李君羨起了殺心。

《舊唐書》的《李淳風傳》中也有紀錄：當初，唐太宗在世時有《祕記》說：「唐代在三世之後，將有女主武王取代其天下。」唐太宗於是祕密召來李淳風探究此事。李淳風說：「我據天象推算，此事的徵兆已經形成，這人已經出生，而且就在陛下的宮中。從現在開始算起，不過三十年，她就要據有天下，幾乎要把李氏宗室子孫誅殺殆盡。」唐太宗說：「把宮中那些可疑的人都殺了，你看如何？」李淳風說：「這既然是天意，就沒有逃避的辦法。該稱王的那人是死不了的，你殺的人再多也不過枉及無辜。而且根據天象，此人已在宮中，並且是陛下的眷屬，再過三十年，她就老了，老了心腸就軟了，即使取代唐的天下，可能對陛下的子孫不會殺傷過烈。如果陛下現在把她殺了，上天一定會重新生出一個更年輕的。此人年輕，性情可能更為狠毒。如果這樣，陛下的子孫也許就真的被殺光了。」太宗覺得此言有理，於是就罷手了。

李淳風曾經主持鑄造渾儀，編成《麟德曆》，是初唐有名的天文學家。但在史書中，他和袁天罡一起，被描繪成了預言家，創有《推背圖》，在小說中更成了出陽入陰、兼判冥事的半仙。從已經發生了的史實來看，「唐三世之後，女主武王代有天下」，那是應在了武則天身上。《李淳風傳》的記載則盡顯李淳風數術之高明和李世民知天命而行仁政的王者之風。

因李君羨為武則天擋去了一場災禍，兩《唐書》都記載，西元690年，武則天代有天下，登上帝位後，李君羨的遺屬詣闕稱冤。武則天為報恩慰靈，給李君羨昭雪，追復官爵，厚禮改葬。

由此，李君羨因讖喪生之事，可謂言之鑿鑿，已經是歷史鐵案。

蘇東坡也因此歎息說：「漢景帝以鞅鞅而殺周亞夫，曹操以名重而殺孔融，晉文帝以臥龍而殺嵇康……唐太宗以讖而殺李君羨，武后以謠言而殺裴炎，世皆以為非也。」認為李君羨和周亞夫、孔融、嵇康、裴炎等人一樣，屬於冤殺。

但是，史書上的記載就一定真實嗎？

要知道，史書也是人寫的，誰能保證寫史書的人不受外界任何影響而不帶任何感情色彩記錄每一件事？

李君羨因讖喪生事件，詭譎奇幻，彷若神話小說，讓人覺得不可思議。

那麼，還是讓我們撥開歷史的迷霧，從頭分析起吧。

李君羨，洺州武安（今河北南部，太行山東麓武安縣）人。其早期經歷和名將秦瓊、程咬金、羅士信等人是一樣的，初事李密，李密敗亡後投王世充，為王世充驃騎。惡王世充為人，又改投李淵，被封為上輕車都尉，跟隨李世民破宋金剛於介休，從討王世充，為馬軍副總管。又隨軍破竇建德、劉黑闥。李世民即位，授其為左衛府中郎將。突厥大軍逼至渭橋，李君羨與尉遲敬德出戰破敵。唐太宗歎道：「君羨如此勇猛，強虜何足憂慮。」授予其左武衛將軍之職，掌管玄武門宿衛，加封為武連縣公。貞觀八年（西元634年），李君羨隨段志玄討伐吐谷渾，在青海之南懸水鎮大破吐谷渾軍隊，虜牛羊二萬餘頭還朝。

關於李君羨之死，除了上面提到的「唐三世之後，女主武王代有天下」讖語外，《資治通鑑》

第一百九十九卷還有一段實不應等閒視之的記載：李君羨外任華州刺史，華州當地有個布衣名叫員道信，自稱能夠不進飲食，通曉佛法。李君羨非常敬慕相信他，多次與他形影相隨，竊竊私語。御史借機彈劾李君羨與妖人勾結。圖謀不軌，貞觀二十二年（西元648年）六月十三日，李君羨因此事定罪處斬，全家被抄沒。

這段記載，其實才是李君羨獲罪被斬的真實原因。

因為，《唐律》明確規定：「諸造妖書及妖言者，絞。」

李君羨與自稱「能絕粒，曉佛法」的江湖術士員道信勾搭在一起，「數相從，屏人語」，明顯已經觸犯了《唐律》。

這一點，結合另外兩個開國功臣裴寂、張亮的遭遇就可以得到印證。

裴寂是李淵太原起事的元謀功臣之一，因有江湖術士與裴寂家童說了一句「裴公有天分」，裴寂隱而不報，只暗中命家人殺掉妖人了事。可惜，家人心慈手軟，釋妖人不殺，致使消息走漏。唐太宗逮捕了裴寂，歷數其罪，最後說：「我殺之非無辭矣，議者多言流配，朕其從眾乎。」將之流配。

張亮被殺時已官至刑部尚書，只因為他私下與江湖術士談論諸如「有弓長之君當別都」妖言，事泄，被「斬於市，籍沒其家」。

由此可見，李君羨獲罪的原因和裴寂、張亮是一樣的。

那麼，李君羨因「女主昌」、「女武王者」讖語被殺的說法是怎麼炒作出來的呢？

這又得說說《舊唐書》的成書過程了。《新唐書》來自《舊唐書》，而《資治通鑑》關於唐史的記載又考自兩《唐書》。

《舊唐書》編成於五代後晉時期，書中所記代宗之前的史事主要依據唐朝史官所撰的《國史》。

而唐朝史官編撰《國史》是分階段來的。

第一階段：貞觀元年，姚思廉撰寫《唐史》紀傳，粗成三十卷。

第二階段：高宗顯慶元年，令狐德棻等續成八十卷，名《以德貞觀兩朝史》。

第三階段：龍朔三年（西元663年），許敬宗等又續為一百卷，並起草十志，未半而終。

第四階段：武則天長壽二年（西元693年），牛鳳及另撰《唐史》一百一十卷，起高祖，終高宗。

第五階段：武則天長安三年（西元703年），李嶠、朱敬則、劉知幾、吳兢等修《唐史》八十卷。吳兢又別撰《唐史》一百一十卷、《唐春秋》三十卷。而在上述修撰的基礎上，韋述修《國史》一百一十三卷。

最後流傳下來的，就是韋述修的一百一十三卷《國史》。

這裡有一個不可忽略的問題，即武則天篡唐代周。武則天認為唐朝的歷史已經在天授元年（西元690年）終結了，在指導史官編寫《唐史》的時候，是不會有太多顧忌的，既會總結她所認為的「唐朝全部歷史」的得失為自己的大周借鑑，更會不遺餘力地為自己的篡唐代周行為提供合法的具備天命意志的證據。為了切實做到這一點，除在長壽二年（西元693年）做了一次《國史》總體編修外，又於長安三年（西元703年）欽點自己的親侄子武三思作為領銜總編修進行「采四方之志，成一家之言，長懸楷則，以貽勸誡」。

武則天此人篡位心虛，早在垂拱四年（西元688年）就捏造有洛水現瑞石「寶圖」，上有「聖母臨人，永昌帝業」之類的鬼把戲，那麼登位後，借李君羨官職與一連串「武」字有關，再炮製出「女主昌」、「女武王者」的讖語，又有什麼可奇怪的呢？

其實，從兩《唐書》和《資治通鑑》分別記載李君羨被殺和李淳風諫殺的事來看，李君羨被殺在前，李淳風諫殺在後，這裡面就極不合理：唐太宗已成功清除了自己的假想敵李君羨，正應該歡欣鼓舞，又怎麼會心存惶惑去向李淳風尋找已經不存在的假想敵呢？

可見，李君羨「因讖喪生」的說法，其實是源自武則天御用文人的編造。

李世民為什麼參與對前代史書的撰寫？

提起唐太宗李世民參與修撰史書，很多人想到的是其三番四次向史官索觀初唐起居注，從而干預史官編修國史的醜事。

誠然，骨肉相殘的玄武門事件使李世民背上了無比沉重的道德包袱，也使他終其一生都不能擺脫該事件留下的心理陰影。

但本文說的卻不是這個，而是二十四史之一的《晉書》。

所謂二十四史，即中國古代各朝撰寫的、被歷朝歷代納為正統的二十四部史書的總稱，又稱「正史」。

「正史」之名，始見於《隋書・經籍志》：「世有著述，皆擬班、馬，以為正史。」清代乾隆皇帝欽定「二十四史」為「正史」，即未經皇帝批准，不得列入正史。

二十四史是我國文化遺產寶庫中的一份珍貴的歷史文獻，規模巨大，卷帙浩繁，計三千二百一十三卷，約四千萬字，編寫始自西元前二世紀，即西漢武帝劉徹時代，到清朝乾隆時代為止。整個編寫過程長達一千九百多年，用統一的體裁，比較系統、完整地記錄了明亡以前有文字可考的中國幾千年的歷史，在世界上是極其罕見的。

二十四史中的「前四史」即《史記》、《漢書》、《後漢書》、《三國志》屬於私修史書，書的作者是誰，那是清清楚楚的。

可是，後面的大多數官修史書都是由「宰臣」監修，書成之後，由「宰臣」領銜呈送給皇帝過目，因此，「宰臣」就儼然成了這部書的作者。

實際上，這些「宰臣」中，有的根本就沒為自己所監修的書寫過一字一語，比如說後晉的劉昫、元朝的脫脫等。但他們的身分使他們分別成了所監修的《舊唐書》、《宋史》、《遼史》、《金史》的作者。

不過，像劉昫、脫脫這類人還是屬於少數，大多數監修者在修史過程中都有參與撰寫。比如說《隋書》的監修人魏徵，就撰寫了大量史論，這些史論在書中都標有「魏徵曰」的字樣，歷歷可考。

其實，除了《隋書》，其餘的《晉書》、《梁書》、《陳書》、《北齊書》、《周書》也都是在唐太宗李世民時代修成（此六部官修史書和《南史》、《北史》兩部私修史書合稱「唐初八史」），這六部史書的監修人都參與了撰寫。

令人驚訝的是，唐太宗李世民還參與了《晉書》的修撰！

舊版的《晉書》都會特別題為「唐太宗文皇帝御撰」。

這也使得《晉書》比同類史書中的地位高出了若干倍。

《晉書》記載的歷史上起三國司馬懿時期，下至東晉恭帝元熙二年（西元420年）劉裕廢晉帝自立。參與編寫的有二十多人，其中房玄齡、褚遂良、許敬宗三人為監修，執筆者有令狐德棻、敬播、來濟、陸元仕、劉子翼、盧承基、李淳風、李義府、薛元超、上官儀、崔行功、辛丘馭、劉胤之、楊仁卿、李延壽、張文恭、李安期、李懷儼等。

之所以會題上「唐太宗文皇帝御撰」，是因為書修成之後，房玄齡領銜呈送給李世民過目，李世民逐篇閱讀，感觸良多，分別給宣帝（司馬懿）、武帝（司馬炎）二紀及陸機、王羲之兩傳寫了四篇史論。

所以，《晉書》便題為「御撰」，也就是說皇帝也參與了修撰。

這裡有一個問題，《晉書》、《梁書》、《陳書》、《北齊書》、《周書》、《隋書》都是李世民統治時代所修的前代史書，為什麼李世民獨獨選擇《晉書》來寫史論呢？

究其原因，是由於西晉作為一個統一的王朝，結束了三國時期幾十年的分裂局面，但它的統一卻是如此短暫，不久就發生了中原地區的大混戰，形成了東晉和十六國、南朝和北朝的長期對立。李世民作為統一的唐朝的創業之君，有宏偉的治國抱負，於是對晉朝的治亂興亡進行了深入探索。

李世民在他撰寫的史論中，鮮明地指出了司馬炎「居治而忘危」、「不知處廣以思狹」、「以新集易動之基，而無久安難拔之慮」的種種缺點。

由此可見，李世民所以能成為千古一帝，那是有原因的。

李世民篡改過的史書為何保留他誅兄殺弟的情節？

要研究唐代歷史，《唐實錄》無疑是最直接、最全面的第一手材料。原因很簡單，《唐實錄》屬於當時官修的編年體史書，其所採用的資料大多從起居注、日曆、中央與地方各部門檔案當中編寫而來。

但是，今日《唐實錄》除《順宗實錄》保存完整外，其他均無傳本留世，只能在《資治通鑑》等書中見到佚文。

唐太宗李世民是中國歷史上名聲很好的皇帝，被譽為「千古一帝」，但他畢生有兩大污點：一、發動玄武門事變，誅兄殺弟；二、為了掩蓋和美化玄武門事變，蠻橫干擾史官修史，有篡改史書之嫌。

實際上，《唐實錄》中的《高祖實錄》由敬播撰、房玄齡監修，許敬宗刪改，於貞觀十二年書成。另一《今上實錄》由敬播、顧胤撰，房玄齡監修，也於貞觀十四年書成。玄武門事變出現在這兩個實錄中，如果李世民真有篡改過史書，指的應該就是這兩部史書。

雖說這兩部實錄已經佚失，但現在讀《資治通鑑》，我們仍然可以清清楚楚看得到玄武門事變中那一幅幅觸目驚心的血腥畫面。

書中第一百九十一卷記發生在武德九年六月四日事，歷歷如繪，甚至還生動、具體地記載了李建成、李元吉的死亡過程：「建成、元吉至臨湖殿，覺變，即跋馬東歸宮府。世民從而呼之，元吉張弓射世民，再三不彀，世民射建成，殺之。尉遲敬德將七十騎繼至，左右射元吉墜馬。世民馬逸入林下，為木枝所掛，墜不能起。元吉遽至，奪弓將扼之，敬德躍馬叱之。元吉步欲趣武德殿，敬德追射，殺之。」

且看，李建成、李元吉才到臨湖殿，就感覺到了濃重而凌厲的殺氣，趕緊跋馬折回，李世民縱馬追來，高聲呼喚。李元吉張弓搭箭，連射三箭，卻都沒有造成任何殺傷。反倒是李世民一箭就射死了李建成。尉遲敬德帶領七十餘名騎兵殺來，其中一名將士將李元吉射下了馬。李元吉爬起，往樹林裡竄。李世民拍馬趕入，冷不防被橫出的樹枝掛倒，跌落地上。李元吉扭頭見了，把手中的弓套在李世民頸脖上，用力要將之絞殺。尉遲敬德呼喝著躍馬趕至。李元吉見勢不好，拔腿向武德殿方向跑去。尉遲敬德邊追邊射，直至將他射死。

除了詳細記載了李世民親自參與射殺兄弟的經歷，後面還白紙黑字地記載了這麼一條：「建成子安陸王承道、河東王承德、武安王承訓、汝南王承明、鉅鹿王承義，元吉子梁郡王承業、漁陽王承鸞、普安王承獎、江夏王承裕、義陽王承度皆坐誅，仍絕屬籍。」即事後李世民把李建成的五個兒子、李元吉的五個兒子，共十個親侄子，不論成年還是未成年，一律處死，並在宗室的名冊上除掉了他們的名字。

這真是令人髮指。

讀到這些，不由讓人陷入深深的沉思：這像是被篡改過的史書嗎？李世民真的有篡改過史書嗎？

有人也許會說，李世民在玄武門誅兄殺弟的事，實在是篡無可篡，改無可改了呀。

這樣想是不對的，如果李世民真想在這兒動手腳篡改，還是很容易的。再不濟，也可以把李建成、李元吉的死亡過程模糊化，用春秋筆法將之寫成為亂兵所殺就可以了，沒有必要出現其親自動手的細節。至於殺十個親侄兒這一條，甚至可以隻字不提。

另外，武周朝史官吳兢編撰的《貞觀政要》，是有唐太宗干預史官修史的相關紀錄的。

其中卷七記：貞觀十三年，李世民以「觀所為得失，以自警戒」為名，向諫議大夫褚遂良調閱起居注。褚遂良堅持史官修史原則，斷然拒絕，說：「不聞帝王躬自觀史。」

李世民討了一個老大的沒趣，悻悻地說：「朕有不善，卿必記耶？」

好一個褚遂良，威武不能屈，富貴不能淫，大義凜然地說：「臣職當載筆，何不書之？」

彼時，黃門侍郎劉洎在一旁助威，說：「設令遂良不記，天下之人皆記之矣。」

李世民一時語塞，就此作罷。

《貞觀政要》卷七還記：一年之後，即貞觀十四年，李世民再次干擾史官修史。這次，他面對的是房玄齡。房玄齡相對容易說話，滿足了李世民的無理要求，刪略國史為編年體，撰《高祖實錄》、《今上實錄》各二十卷，呈上李世民的龍案。

李世民主要是對裡面的「六月四日事」（即玄武門事變）提出了不滿。

他看到書中「語多微文」，文辭閃爍、文意吞吐，就大大方方地對房玄齡說：「昔周公誅管、蔡而周室安，季友鴆叔牙而魯國寧。朕之所為，義同此類，蓋所以安社稷、利萬民耳。史官執筆，何煩有隱？宜即改削浮詞，直書其事。」

李世民的意思是：玄武門事件是「周公誅管、蔡，季友鴆叔牙」一樣的義舉，目的是為了「安社稷、利萬民」，史官執筆，不要有什麼隱瞞，應該「改削浮詞，直書其事」！

如果《貞觀政要》記錄的這一條屬實，那麼玄武門事件在《高祖實錄》、《今上實錄》二書中一定是寫得雲山霧海，讓人摸不著頭腦。

而現在，我們讀《資治通鑑》，卻讀到了無比露骨和血腥的搏殺。

難道，這就是李世民「篡改」史書得出的成果？

即李世民「篡改」史書的目的，僅僅是要房玄齡等史官摒除掉思想顧慮，放開手腳秉筆直書，不惜把自己的陰暗面放大化和細節化？

真是讓人難以置信。

不，不應該是這樣。

李世民一定在某些地方動了手腳，只不過《貞觀政要》沒有記錄下來而已。

《貞觀政要》沒有記錄下來，也並不等於天衣無縫，世間再無痕跡可尋。

想想看，親手射殺兄長、親自下令抄斬十名侄子的經歷都清清楚楚、明明白白地彰顯在史書裡了，還有什麼事比這更令人觸目驚心、更感到不可思議的？

順著這條思路，就很容易把握到問題的關鍵——莫非，李世民在玄武門事變中對他的父親李淵做了什麼「莫可名狀」的舉止？

還是《貞觀政要》這部書，我們來看卷六，裡面記載了發生在貞觀十七年（西元643年）的一件小事：某天，唐太宗李世民讀了東漢建安七子之一徐幹的文章《中論・復三年喪》，突然悲從中來，傷感無限，對身邊的侍臣說：「人情之至痛者，莫過乎喪親也。故孔子云：『三年之喪，天下之通喪，自天子達於庶人也。』」接著，切責自己在父親李淵逝世時，所舉辦的喪禮過於粗疏簡略。

單單「喪禮過於粗疏簡略」這一理由，應該不會對李世民觸動這麼大。

李世民傷感流淚的背後，一定還有不為人知的東西，藏匿在其內心隱蔽處，埋葬在了歷史的深淵裡。

注意到了這一點，下面讓我們把目光再移回到《資治通鑑》記錄的「六月四日事」。

玄武門事變當日，李淵本來是要召集李建成三兄弟入宮對質李世民密告之事，但這三兄弟在玄武門殺得天昏地暗時，李淵和近臣們卻優哉游哉地在「泛舟海池」。

這合情理嗎？

完全不合情理！

如果說，李世民篡改過史書，那麼，這一反常現象應該就是他篡改的最重大情節！

而建立在這一反常情節基礎上緊隨而至的系列事件都應該打上問號。

的確，《資治通鑑》對接下來的系列事件的記載也非常簡略、草率，以至近於兒戲。

不是嗎？

且看：尉遲敬德擐甲持矛，奔至李淵面前。李淵大驚，問：「今日亂者誰邪？卿來此何為？」

從李淵的問話「今日亂者誰邪」裡，可知他是早就知道有人作亂了的。

尉遲敬德回答說：「秦王以太子、齊王作亂，舉兵誅之，恐驚動陛下，遣臣宿衛。」

李淵聽了，扭頭對裴寂等人說：「不圖今日乃見此事，當如之何？」

蕭瑀、陳叔達等人就趁機說了一通李建成與李元吉的壞話，再極力稱頌李世民的功德，建議李淵立李世民為太子，並將國家政務相交托。

李淵的表現非常爽快，他說：「善！此吾之夙心也。」

於是，事變很快平息。

李世民來見李淵，「跪而吮上乳，號慟久之」，完全一幅羔羊跪乳、天倫相親的慈愛畫面。

三日之後，即六月初七，李淵宣布立李世民為皇太子，發詔：「自今軍國庶事，無大小悉委太子處決，然後聞奏。」

這之後，又過了九日，六月十六日，李淵賜親筆詔書給裴寂等人說：「朕當加尊號為太上皇。」

七月初八，李淵頒布制書，將皇位傳給太子李世民。

初九，李世民在東宮顯德殿即皇帝位，大赦天下。

即從六月四日到七月八日，短短一個月，李世民就完成了從藩王到太子，再到皇帝的蛻變。

這其中必有貓膩。

一篇名為《唐太宗入冥記》的唐代民間話本，更讓人有理由堅信這份貓膩的存在。

《唐太宗入冥記》是一則神話故事，裡面寫閻羅王勾唐太宗生魂入冥審問，單刀直入地問了一個問題：「武德九年，為什麼殺兄弟於前殿，囚慈父於後宮？」

神話故事自然是虛構的，李世民靈魂入幽冥地府受審之說純屬胡編亂造，但那一句「囚慈父於後宮」，極有可能就是李世民篡改史書後消失於所有官修正史中的歷史事實，卻又廣泛流傳於唐初民間的傳說。

如果「囚慈父於後宮」屬於史實，那麼，李淵「泛舟海池」等反常表現就應該推倒了。真實的情況應該是：李世民在玄武門事變中，已用武力控制住了太極宮中的所有人員，包括李淵。

《舊唐書・文德皇后長孫氏傳》和《新唐書・文德長孫皇后傳》裡記載有這樣一個細節：玄武門行動前，李世民引將士入宮授甲，長孫氏也跟隨入宮，對參加行動的將士「親慰勉之」。

但是，長孫氏一個婦道人家，跟隨入宮，僅僅是慰問和激勵將士而已嗎？

《舊唐書・房玄齡傳》記載著這樣一條：「玄齡嘗因微譴歸第，黃門侍郎褚遂良上疏曰：『及九年之際，機臨事迫，身被斥逐，闕於謨謀，猶服道士之衣，與文德皇后同心影助，其於臣節，自無所負。』」

這條記載說的是，房玄齡因為有微小過錯而遭到斥逐，褚遂良出面替他求情，提到了武德九年玄武門事變，說房玄齡當時「與文德皇后同心影助」。

而《舊唐書・房玄齡傳》又赫然有記：「貞觀元年……論功行賞，以玄齡及長孫無忌、杜如晦、尉遲敬德、侯君集五人為第一，進爵邢國公。」即房玄齡在玄武門事變中的功勞與長孫無忌、杜如晦、尉遲敬德、侯君集並列第一。

褚遂良說房玄齡在玄武門之變中「與文德皇后同心影助」，這就充分說明長孫氏在該場政變中也是居功至偉的人物——她的功勞，絕不可能只停留在「慰問和激勵將士」這一簡單行動上，而是別有重大使命。

再想想看，秦王府的精銳只有「八百勇士」而已，這「八百勇士」既要守在玄武門截殺李建成一行，又要控制太極宮眾多人眾，難度可不是一般地大！

那麼，如何又快又好地分頭完成這兩件事呢？

最好的方案，就是一部分由李世民帶領，埋伏在玄武門進行生死搏殺；另一部分，由長孫氏帶領，先解除掉宮中侍衛的反抗，再充分利用她身為女性的天然優勢，安撫好宮中的嬪妃、太監和宮女，控制住宮中的局勢。

我們還要注意到，秦王麾下的秦叔寶、程知節、侯君集、段志玄等驍勇之士在這場行動中並沒有記載下什麼搶眼表現，而後來都得到了重賞，很可能這一票人馬就是跟隨長孫氏入宮向李淵「逼宮」了。

再有，襲殺了李建成和李元吉後，李世民和他的「數百騎」就消失於玄武門了。以至於東宮和齊府兵攻來，出現了敬君弘、呂世衡等人戰死，張公謹「獨閉關以拒之」的凶險情形，最終，是「太宗左右數百騎來赴難，建成等兵遂敗散」。

那麼問題來了，在李建成和李元吉死後，玄武門險被攻破前，李世民和他的「數百騎」去哪兒了？

答案只能是：李世民「囚慈父於後宮」，向慈父施加壓力，逼迫他交出政權。

一旦李淵誓死不從，抗拒到底，李世民也只能走上「弒父篡位」的道路了。

所幸，李淵還算是一個識時務的俊傑，順從地交出了政權，李世民也因此沒有步入人生大惡。

但，我們可以想像得到：李世民的內心從此永遠遭受著道德的譴責，畢生不能釋懷。

種種跡象表明：李世民之篡改史書，乃是有意「抓大放小」，刪除掉了所有「囚慈父於後宮」的罪惡，鼓勵史官大書特書誅兄殺弟細節，目的是以此擾亂和遮掩住後來世人的耳目。

為應對後人評說，李世民如何推卸手足相殘責任

世人皆知，玄武門事變乃是李世民兄弟權力之爭的集中爆發。

儘管李世民的文才武略都非常出色，但李建成、李元吉兄弟的才幹也絕非兩《唐書》和《資治通鑑》寫的那麼不堪。

李世民即帝位後，於貞觀元年就安排姚思廉撰寫《唐史》紀傳。這《唐史》後來合入《國史》，《國史》又直接影響到兩《唐書》和《資治通鑑》的編撰。

可以想像，李世民為了顯示自己得位之正，肯定會不惜一切代價來抹黑李建成、李元吉。

但只要細心讀史，不要受太多人為干擾的影響，依然可以從兩《唐書》和《資治通鑑》的某些草蛇灰線中勾勒出李建成、李元吉才能幹練的影子。

也就是說，李建成、李元吉和李世民同為狼兄虎弟，才能不遑多讓。

玄武門事變發生後，李世民有意指導史官把所有責任都推到李建成頭上，寫李建成不能見容於自己，一味將自己往死裡逼，致使雙方兵刃相見，血濺玄武門。

即使如此，李世民仍難取得世人見諒。

李建成身為長子，又已封為太子，是帝國的第一繼承人、儲君。李世民明目張膽地開府納士、厚養羽翼，文有杜如晦、房玄齡之輩，武有尉遲敬德、秦瓊之流，已對李建成的太子之位構成了嚴重威脅。無論他再怎麼詆毀李建成，李建成所採取的手段都是得到世人認可的。

雖然李世民登位後掌握了所有的話語權，但輿論的制高點始終掌握在李建成手裡。

為此，李世民只好另闢蹊徑，找人背鍋。

這人是誰呢？

弱不禁風的文臣杜如晦。

所謂：「究其兄弟之爭，始由如晦與建成家人爭道有隙，稔成其禍。至於同氣被誅，高祖見逼，其事皆出於如晦。」

為什麼會發生玄武門事變？

為什麼會出現兄弟鬩牆、父子相逼？

全因杜如晦和李建成家人在出行時爭道，致使兄弟成仇、父子反目。

流血事件的起因就在於爭道，杜如晦就是該惡性事件的罪魁禍首。

對於這一指控，杜如晦樂呵呵地認了。

杜如晦是大政治家，他當然領會得到其中的奧祕。

杜如晦，字克明，京兆杜陵（今陝西西安長安）人，祖上為北周高官。隋朝取代北周，祖父杜果在隋為工部尚書、義興公，父親杜吒為隋朝昌州長史。杜如晦小時候聰慧有悟性，喜歡和人談論歷史、文學。隋朝大業年間，杜如晦被徵為預備官員，不久，任滏陽尉。杜如晦嫌官小，難有作為，毅然棄官。隋大業十三年（西元617年），李淵父子兵入長安，杜如晦被李世民召入秦王府任為曹參軍。在李世民徵薛仁杲、劉武周、王世充、竇建德過程中，杜如晦籌謀劃策，運籌帷幄，為眾人矚目。李建成為剪李世民羽翼，最先從杜如晦著手，向高祖李淵建議將秦王府的官員包括杜如晦，都調到外地任職。命令下達，李世民手下的文臣武將紛紛被遷到外地，李世民心急如焚。記室房玄齡指點說：「府中幕僚被遷往外地者雖然多，但是沒有什麼好可惜的，只有杜如晦聰慧，能洞察事理，這個人有王佐之才，你現在作為藩王，沒有人才可用，將來想要經營四方，只有此人才能幫你大忙。」李世民於是捨命向李淵上奏，最終將杜如晦留了下來。

房玄齡多謀，杜如晦善斷，兩人為李世民的左膀右臂，史稱「房謀杜斷」。

他們效力於李世民，就一心希望李世民能繼承帝位，竭力鼓動李世民先下手為強，除掉李建成，以確立帝位繼承人地位。

李世民瞻前顧後，猶豫不決。

李建成那邊也越來越感覺到房玄齡、杜如晦的存在是禍患，一再請求，終於讓高祖李淵將房玄齡和杜如晦調出了秦王府，並遣返回家，嚴令二人不得再跨進秦王府一步，違令則處死。

房杜二人一去，李世民頓感楚歌四起，決定放手一搏，死裡求生。

該如何出手，而且一出手就要見血封喉、不留餘地，李世民必須求助杜如晦、房玄齡出謀劃策。

李世民讓長孫無忌去請房杜二人進府商議。

房杜二人拿了李世民一把，表示自己已被遣返回家，一旦聽從召喚進府，則屬於違令抗旨。違令抗旨即是死罪，不敢有違。

李世民急得不行，解下身上佩刀給尉遲敬德，讓尉遲敬德強請，如若不來，馬上放血！

房玄齡和杜如晦其實是在試探李世民的決心，看尉遲敬德提了刀來，知大事諧矣。遂改裝成道士樣，潛入秦王府，策劃出了舉世震驚的「玄武門事變」。事成之後，李世民被立為皇太子，杜如晦被任命為太子左庶子，後遷兵部尚書。貞觀元年（西元627年），李世民改元之後，杜如晦被封為蔡國公，賜實封一千三百戶。改年，貞觀二年（西元628年），杜如晦檢校侍中，兼任吏部尚書。貞觀三年（西元629年），杜如晦代替長孫無忌為尚書僕射，與房玄齡為李世民左右相，一起輔佐朝政，史稱良相。

生身功、死後名，都是從「玄武門事變」中來的，所以，說杜如晦是「玄武門事變」的罪魁禍首，杜如晦全認了。

「唐太宗縱囚」事件是傳說還是史實？

唐太宗的文治武功，遠邁千古。

唐太宗胸襟之開闊，氣魄之雄大，乃是有目共睹。

唐太宗開創出的「天可汗時代」，足讓每一個中國人都為之驕傲。

而圍繞著唐太宗這個千年不兩見的「天可汗」，歷史上出現了許多讓人津津樂道的故事。

其中，「唐太宗縱囚」事件，更讓人心生敬服、欽佩無限。

李世民悲天憫人，愛民如子，一生提倡慎用刑罰，即使對那些依法被判處死刑的囚犯也充滿憐憫之心。貞觀六年冬，大理寺卿上奏摺給唐太宗，說獄中有三百九十名死囚將在來年秋後問斬，但這些人心中牽掛家中父母，弱妻幼子未曾妥善安頓，日夜啼哭。相關官員竭盡所能均不能令他們停止哭鬧，因此建議提前用刑。唐太宗閱卷沉思，最終做出一個瘋狂的決定：下旨將這些死囚全部釋放回家，以一個月為期，等他們處理好後事之後再自動回來受刑。消息傳出，震駭一時，百姓們都為皇帝的仁慈而感動，卻又都擔心這些死囚一去不回，為害社會。該年元宵節，是死囚回來報到之日，三百九十名死囚居然一個都不少回到了監獄。唐太宗看見他們全都誠實守約，又下詔將這些囚徒免於死罪，改為流放。

必須交代清楚的是，這個故事並非編造，可以在《資治通鑑》和《新唐書》中查到。

「唐太宗縱囚」之舉，老百姓無不心悅誠服，此事也在歷史上傳為美談。大家都盛讚太宗恩德仁義，以至於感化囚犯，使之洗心革面。

白居易在《七德舞》一詩中大贊：「怨女三千放出宮，死囚四百來歸獄。」

但是，不管怎麼樣，自古以來，人們習慣於趨生避死，死囚從監獄中出來，又全部視死如歸、自動自覺地返回獄中領死，總讓人覺得事不可信，彷彿是史家在編故事。

編撰《新唐書》的歐陽修相信此事的真實性，但認為裡面水很深。

歐陽修專門寫了一篇《縱囚論》，揭露其中水分。

歐陽修說：「對於君子，可以施予信義；對於小人，只能施予刑戮。那些判定為死刑的人，都是罪大惡極之流，是小人中的小人。對於君子來說，很多人寧願死於大義，不肯苟活於屈辱，但要他們做到視死如歸，還是十分之十的難事；作為小人中之小人的死囚，卻輕輕鬆鬆地視死如歸，太違背情理了。」

歐陽修做了個假設，他說：「有人以為，罪大惡極的死囚，的確是小人中的小人，這些小人中的小人，被唐太宗的恩德感化，一個個都變成了誠實守約的君子。但是，這恩德感化人的深度和速度讓人難以置信。其真實的情況，不外乎唐太宗有意作秀，與囚犯達成默契：釋放了，就一定要回來，回來了，就一定會赦免罪行。最終，上唱下和，共欺世人。唐太宗可因此得賢君之大名；囚犯則可死裡逃生，重獲新生，雙方共贏，一拍即合。只是這麼一來，還哪有恩德誠信可言呢？」

歐陽修的結論是：「太宗之為此，所以求此名也。」

歐陽修的論斷，得到了清代大儒王夫之的附和。

王夫之分析：死囚一個不少地回歸監獄，並不是受到什麼感化，而是根本上逃無可逃。

王夫之指出，唐太宗之世，法令嚴密，鄉民之間，什伍連坐相保，宗族親戚比鄰而處，北不可以走胡，南不可以走粵，囚犯逃得了一時，逃不了一世，逃得了和尚，逃不了廟。

王夫之因此說：「古所未有者，必有妄也；人所爭誇者，必其詐也。」即「縱囚」一事有違常情、常理，其中一定有偽詐不實的地方。

歐陽修和王夫之質疑的理由完全充分。

試想想，唐太宗既然能有這麼大的能力以恩德感化死囚，那麼，貞觀六年，他已經做了六年皇帝了，為何全國還有那麼多敢犯死罪的人呢？難道他們之前沒有受到過皇帝德政的感化嗎？

歐陽修指責唐太宗「好名」，還真不是冤枉他。

《資治通鑑》第一百九十二卷記載有這樣一個故事：右驍衛大將軍長孫順德接受別人賄賂事發，唐太宗說：「長孫順德果真能有益於國家，我願和他共用國家府庫，有什麼必要冒險貪瀆呢？」其以長孫順德早年戰場有功勞為由，不追究責任，並在殿庭大大方方賜絹數十匹。大理少卿胡演為嚴肅國家法紀，仗義執言，說：「長孫順德貪贓枉法，罪不可赦，皇上您怎麼還賞賜絹布給他？」唐太宗一本正經地說：「長孫順德是個血性男兒，對他來說，賜絹之辱，甚於受刑。如果他不知羞愧，就與禽獸等同，殺之何益？」

看，唐太宗以人治來糊弄法治，隨心所欲，只憑自己一時之喜怒愛好來進行賞罰，根本就不把國家法律放在眼裡，其目的不過在博取一個好名聲而已。

如果說，不罰反賞長孫順德的表演痕跡尚不明顯，再來看《貞觀政要》中記載的一件事：貞觀二年，京師久旱，蝗蟲大起。唐太宗入苑觀察禾苗，看見了蝗蟲，眼疾手快，連捉了幾隻，攥在手心，嘴裡念念有詞：「人以稻穀活命，你們這些害人蟲卻把稻穀都吃光了，是害百姓的性命啊。百姓有什麼過錯？要說過錯，全在我一個人啊，你們如果真有靈性，就到我的肚子裡來吞噬我的心，不要禍害我的百姓。」一仰頭，要把幾隻蝗蟲吞到肚子裡，左右官員趕緊攔阻，說：「陛下，萬萬不能吞，吞到肚子裡會出事的！」太宗從容地說：「我就是希望能把災禍轉移到我的肚子裡。」張口把蝗蟲吞了。

愛民而吞蝗蟲，這表演實在太過了。

清代林雲銘看穿了唐太宗的把戲，一針見血地說：「余嘗謂太宗上苑吞蝗必非真蝗，真蝗豈可吞者？或用紙草剪作蝗形，掇而祝之，以愚左右耳目耳。」

一句話，唐太宗「好名」之欲，已經到了病態的地步。

《資治通鑑》卷一百九十三之唐紀九又載：九月，唐太宗修建好仁壽宮，改命為九成宮。然後，又要修洛陽宮。民部尚書戴冑上表勸諫說：「天下剛剛由亂入治，百姓凋敝，帑藏空虛，若還要大興土木，營造不停，國家財政將虧空而無法運行！」唐太宗立刻表態：「戴冑與我沒有半點親戚關係，卻能夠這般忠直體國，知無不言，應該官升一級，以酬嘉獎。」他過了一段時間，又命將作大匠竇璡繼續修建洛陽宮。竇璡鑿池築山，雕飾華靡。唐太宗覺得花費太多，馬上下令撤毀了宮殿，並免除了竇璡的官職。

還有，唐太宗生怕自己身後名聲受損，專門向修國史的褚遂良、房玄齡等人索書稿，已成千古醜聞。

無怪乎史學家黃永年說：「舊時史書包括新舊《唐書》、《通鑑》對唐太宗和所謂的『貞觀之治』無不極盡誇飾之能事，即近時的通史、隋唐史仍多如此。其實這是受了唐人所修《太宗實錄》和國史等的蒙蔽。」

唐太宗在魏徵死後毀碑悔約為哪樁？

中國古代歷史上有許多相得益彰的君臣典範，他們君臣唱和，猶如雙星爭輝，照亮歷史的夜空，為後世君臣竭力仿效的楷模。

這其中，有周文王和姜子牙，有齊桓公和管仲，有齊景公和晏嬰，有秦孝公和商鞅，有漢高祖和張良，有曹操和荀彧，有劉備和諸葛亮，有孫權和魯肅，有苻堅和王猛，有唐太宗和魏徵，有宋太祖和趙普，有明太祖和劉伯溫，有明成祖和姚廣孝……。

以上君臣組合，基本都以善始，以善終。

今天，專門來說說貌似「以善始，以善終」的唐太宗和魏徵君臣。

魏徵是唐太宗李世民登位前的政敵、太子李建成手下掌管圖籍的洗馬官。

「玄武門事變」前，魏徵沒少向李建成出主意以除掉李世民。李世民剷除東宮集團，殺死李建成後，曾想一同殺掉魏徵，責問魏徵：「你為什麼在我們兄弟中挑撥離間？」魏徵真不怕死，如實回答說：「可惜那時候太子沒聽我的話。要不然，也不會發生這樣的事了。」李世民早聽說過魏徵的名字，知道他是個人才，再看他說話如此有膽識，就想收為己用，換了副口氣，和顏悅色地說：「這已經是過去的事，就不用再提了。」

唐太宗重用魏徵，委任魏徵為諫議大夫（專門向皇帝提意見的官職），以後又提拔他當宰相。魏徵也盡心輔佐唐太宗，以實事求是的精神大膽進諫，在任職的幾十年間，先後向唐太宗進諫了二百多次。每一次，唐太宗都慎重地思考他所提的意見，儘量採納。

某天，唐太宗突如其來地問魏徵：「歷史上的人君為什麼差別這麼大？有的極其明智，有的卻無比昏庸？」

魏徵怔了怔，說：「多聽取各方面意見的君主就明智，只偏聽某一方面意見的君主就昏庸，所謂『兼聽則明，偏聽則暗』是也。」

唐太宗拊掌贊道：「兼聽則明，偏聽則暗，總結得太精闢啦！」

魏徵樣貌不過一普通人，卻有膽識謀略，能使皇帝根據自己的想法做出調整，即使皇帝已經龍顏大怒，他也敢於當面直言規勸而面不改色。

魏徵某次請假回家上墳，回來後對唐太宗說：「我在回來途中，聽別人說，皇上打算去秦嶺終南山中打獵取樂，一切已經安排妥當、整裝待發。但現在居然又不去了，是什麼原因呢？」唐太宗不好意思地答道：「起初確實有這樣的打算，但愛卿這不是回來了嗎？是擔心會遭到愛卿的責怪，所以就半路停下了。」

唐太宗畏懼魏徵，竟畏懼到了這個地步。

實際上，唐太宗自己就曾親口說過：「魏徵，朕所畏懼者也。」

還有，唐太宗曾得到一隻上等鷂鷹，放在手臂上把玩，好不愜意。突然魏徵要來面聖，唐太宗藏無可藏，只好把鷂鷹塞入懷中。魏徵眼尖，早看見了，就故意使壞，有一搭沒一搭地和唐太宗聊起國家大事來，從北胡聊到東粵，沒完沒了，最終使鷂鷹活活地悶死在了唐太宗的懷裡。

濮州刺史龐相壽貪污腐敗，事發，受到了撤職處分。龐相壽是跟隨唐太宗出生入死幾十年的老臣，不甘心就此倒臺，冒死求見唐太宗，大打感情牌，請求免於處罰。唐太宗想到龐相壽勞苦功高，心一下就軟了，同意他仍舊留任原職。

魏徵不服，上書說：「皇上您這不是縱容貪贓枉法嗎？這個口子一開，以後還怎麼杜絕貪污腐敗的現象？」唐太宗冷靜慎思，撤銷了自己赦免的命令，仍將龐壽相撤職查辦。

唐太宗巡幸洛陽，住顯仁宮，看到茶具都是前朝舊器具，奉上的菜色也很普通，便大罵了總管一通。

魏徵知道此事，坐不住了，跑來面見唐太宗，以隋煬帝奢侈貪婪終致亡國的教訓告誡唐太宗，說：「一國之君，可不能開奢靡風氣的源頭，以防上行下效啊。」

這件事，以唐太宗為自己的行為做出檢討而告終。

高句麗向唐太宗進獻了兩位美女，魏徵又跳出來反對接受。

唐太宗只好悻悻地說：「好吧，高句麗人去年進獻了兩隻鸚鵡，弄得我有事沒事老想著回宮，真要接納了這兩位美女，估計我連宮門都不想出了。」派人將美女送了回去。

唐太宗沒接納高句麗美女，卻下詔將官員鄭民的女兒納為妃子。

魏徵又急衝衝入宮進諫：「陛下為天下百姓父母，當憂其所憂，樂其所樂。居住在宮室台榭之中，要想到百姓都有屋宇之安；吃著山珍海味，要想到百姓無飢寒之患；嬪妃滿院，要想到百姓有室家之歡。鄭民之女，早已許配陸家，陛下卻要將她納入宮中，這是為民父母的道理嗎？」唐太宗聽了，只好訕訕收回成命。

魏徵說鄭民的女兒已許配陸家，陸家趕緊派人遞上表章，聲明自己家雖然和鄭家有資財往來，但實無定親之事，敬請皇上不要心存顧忌而放棄這樁美事。

唐太宗將信將疑，卻無心再理會此事了。

魏徵卻說：「陸家急於否認此事，不過是害怕陛下以後因為此事會加害於他們罷了。」

唐太宗鑑於兵源短缺，準備徵用不到參軍年齡的少男入伍。但詔令轉到門下省時，魏徵拒不簽字。唐太宗大怒，指著魏徵的鼻子說：「這件事，我已經決定這樣做了，沒有商量的餘地。」魏徵振振有詞地回應：「竭澤而漁，來年無魚；焚林而獵，來年無獸。少男充軍，租賦雜徭下降，更何況兵不貴多而貴精，不需要湊數的。」

唐太宗看著魏徵一副欠揍的嘴臉，想發作又無從發作，最後只好拉倒。

徵兵是國家大事，魏徵要出頭管理，那也算了。

對於唐太宗的家事，魏徵也時不時要插手。

長孫皇后生育的長樂公主將要出嫁了，唐太宗特別疼愛她，敕令有關部門準備的嫁妝比皇姑永嘉長公主多一倍。魏徵不樂意，勸諫說：「漢明帝想要分封皇子采邑，說，『我的兒子怎麼能和先帝的兒子相比呢？』下令給自己兒子的封地只是自己兄弟封地的一半。如今公主的陪送，比長公主多一倍，正與漢明帝的意思相反，陛下不覺得慚愧嗎？」

唐太宗聽了，啞口無言。

老實說，魏徵的直諫，有時候很讓人下不來台。以至於唐太宗不得不私下裡跟魏徵說：「你可以當時應付一下，等別的時候再來提意見不行嗎？」魏徵拿史上明君舜這一頂大帽子來壓唐太宗，說：「以前舜告訴大臣，叫他們不要當面服從，背後卻有意見。假如臣當面答應了，以後又來提意見，這就是背後有意見。這可不是稷、契對待堯、舜的態度。」唐太宗碰了這個冷釘子，可謂自討沒趣。

唐太宗有時候也奇怪自己為什麼這麼害怕魏徵。

有一次，君臣在丹霄樓宴飲，唐太宗有了幾分醉氣，歪著腦袋向旁邊的長孫無忌吐槽說：「魏徵、王珪這些人，之前在東宮做事，做了許多噁心事，我卻能棄怨用才，自比古人應無愧色。但魏徵每向我建議什麼事，只要我沒接受，那麼，無論我再說什麼，他也對我愛理不理的了，我居然還拿他沒辦法，這都是些什麼事呀？」魏徵嘿嘿一笑，說：「我是認為某事不可行才提出勸阻的，如果皇上您不肯聽從，而我又聽隨您去做，那我也太沒有原則了。」唐太宗借酒蓋臉，哈哈一笑，說：「人家都說魏徵舉止粗魯，我看這正是他嫵媚可愛的地方！」

貞觀之治，大唐國力蒸蒸日上，直追西漢之武帝朝、東漢之光武朝，而在西漢之武帝朝、東漢之光武朝，都有過泰山封禪的盛舉。唐太宗也就有了泰山封禪的想法，群臣也都熱烈響應。獨獨魏徵，卻大唱反調。

唐太宗在退朝後問魏徵：「你反對封禪，是不是認為我的功勞不高、德行不尊、中國未安、四夷未服、年穀未豐、祥瑞未至？」魏徵直接揭唐太宗愛慕虛榮的老底，說：「車駕東巡，千騎萬乘，耗費巨大，此舉其實是圖虛名而受實害之事，有什麼值得做的呢？」

一句話，魏徵就是這麼傲嬌。

有一次，魏徵在朝廷和唐太宗為某事爭得面紅耳赤。唐太宗氣得要死，退朝後，回到內宮，氣衝衝地說：「總有一天，我會控制不住自己而殺死這個鄉巴佬！」長孫皇后嚇了一跳，問「不知道陛下想殺哪一個？」唐太宗恨恨地說：「還不是那個魏徵！他總是在公開場合侮辱我，讓我下不了臺，有一天我會讓他整瘋的！」長孫皇后聽了，盈盈下拜。唐太宗驚奇無比，問：「你這是幹什麼？」長孫皇后說：「我聽說英明的天子才會有正直的大臣，現在魏徵這樣正直，正說明陛下的英明，我這是向陛下祝賀呢！」唐太宗哭笑不得，此事只好作罷。

貞觀十六年（西元642年），魏徵病逝，唐太宗惆悵無限，自言自語地說：「夫以銅為鏡，可以正衣冠；以古為鏡，可以知興替；以人為鏡，可以知得失。我常保此三鏡，以防己過。現在魏徵過世，我失去了一面鏡子啊。」

如果唐太宗和魏徵的故事到此為止，則他們作為明君與諍臣之典範，將被傳頌千古而無半點瑕疵。

但是，不久之後，唐太宗就下令砸毀魏徵墓碑，為他們君臣之間的情誼寫下了陰冷灰暗的一筆。

原本，魏徵病逝，唐太宗就親自撰寫碑文，並在碑石上書丹，這是千古難得一見的禮遇。此外，唐太宗還下旨將衡山公主許配給魏徵長子魏叔玉。

但是，有兩件事，惹得唐太宗非常不高興，最後，忍無可忍，瘋性大發，做出了毀碑悔約的不冷靜行為。

第一事：魏徵生前曾越位薦相，向唐太宗極力推薦杜正倫和侯君集，說二人均有宰相之才。唐太宗聽從其言，拔杜正倫為兵部員外郎，後又改任太子左庶子，侯君集則官至檢校吏部尚書。但這兩人不識好歹，居然與太子李承乾密謀造反，做出了人神共憤的醜事！於此，魏徵難辭薦人失當之責。

第二事：魏徵此人極有心計，一直以來，其寫給皇帝的奏摺都留有副本，並在死前交給了史官褚遂良，以求錄之國史。魏徵這麼做的原因很簡單：訕君賣直，為自己博取「致君堯舜上」的好名聲，即貞觀之治，並不是皇帝有多英明，而是自己這個名臣有多能幹，一心一意想要留名青史。實際上，魏徵這麼做，就會不可避免地有壓低唐太宗而提高自己之嫌，理所當然觸怒到同樣「好名」

的唐太宗了。

唐太宗一怒之下，下旨解除把衡山公主許配給魏徵長子魏叔玉的婚約，並對已入黃土的魏徵進行「推倒碑石」、「磨滅碑文」的侮辱，雖不是「鞭屍」，卻已收到了「鞭屍」的效果。

雖說，貞觀十八年初唐太宗東征高句麗失利，突然想起了魏徵，不無後悔地說：「如果魏徵還在的話，絕不會讓我犯這個錯誤。」回朝後下令重加賞賜，撫慰魏徵家人，讓魏徵的兒子承襲了國公的爵位；並派人去祭奠魏徵，將魏徵的碑重新立好，重塑了自己的納諫惜臣形象。但「毀碑悔約」的那一筆，卻永遠也無法塗抹去了。

巾幗英雄冼夫人，子孫均為忠義之士

提起中國古代巾幗英雄，大家首先會想到花木蘭、佘太君、穆桂英、梁紅玉。非常遺憾，上述這幾個人要嘛純屬演義小說虛構，要嘛就是戲曲評書故意誇大其事蹟，事實上乏善可陳。

的確，受中國古代封建思想影響，中國人向來主張「男主外、女主內」，行軍打仗是男人的事，女人負責灑掃庭院、燒火做飯、縫衣織布。

甚至，在相當長一段時間內，女人的腳還被包裹起來，美其名曰：三寸金蓮。

這樣一對三寸金蓮，連走路都困難，還談什麼巾幗英雄？

不過，世事無絕對。

中國古代少數民族還是出現了不少巾幗英雄。

比如南北朝末期的冼夫人，明中葉抗倭女英雄瓦氏夫人，等等。

這裡著重說說冼夫人。

冼夫人，名英，廣東高涼人氏（今廣東茂名市電白區電城鎮山兜村人）。在嶺南，冼氏是大族，冼英的父親是擁有十幾萬戶的部族首領，跨據廣東粵西一帶山區。

冼夫人自幼追隨父兄逞勇鬥狠，經歷過多次部族之間的械鬥，頗有男兒氣概，稍長更得異人傳授武藝及韜略，不但能夠挽弓執刀與敵人拼鬥，而且深諳行軍布陣之法，因此深得同族的器重和信賴，甚至海南儋耳諸部落民族也望風歸附。

南梁羅州（今化州境內）刺史馮業，為了壯大自己的聲勢，同時也欣賞冼英的才識，降尊紆貴地為兒子馮寶向尚系蠻族的冼氏求親。

馮寶也是少年英雄，新任高涼郡太守。

冼氏部族自然喜出望外，於是，冼英便成了太守夫人。

冼英見識不凡，成為太守夫人後，便向梁武帝蕭衍力陳在海南設置州府的重要性，使從漢元帝時算起已有六百多年孤懸海外的海南島重新劃歸中央政權的統治。

冼夫人還專程從嶺南遠赴海南，像黃道婆一樣傳播中原文化和各種生產技術，改變海南落後閉塞的局面。

西元558年，嶺南大亂，冼夫人勸服百越，平定了廣州刺史歐陽紇的叛亂，陳朝政府為了鼓勵她，封她為「石龍郡太夫人」。

西元589年，隋滅陳，嶺南的州郡一致推舉冼夫人為主，尊為「聖母」，勸她割地為王，自成一國。而隋大軍到了嶺南邊境，懾於冼夫人的雌虎之威，也只是徘徊張望，不敢輕舉妄動，這種情況下，冼夫人完全可以搞分裂，鬧獨立。

可是，冼夫人卻能看清形勢，順應歷史潮流，毅然歸順大隋。

楊堅感其忠義，冊封她為「宋康郡夫人」。

西元590年，冼夫人以近七十歲的高齡出征，平定了廣州番禺王仲宣的叛亂，全面安定了嶺南地區，楊堅震驚萬分，冊封她為「譙國夫人」，授六州兵馬權。

冼夫人生逢亂世，歷經梁、陳、隋三朝近八十年，活動範圍覆蓋南越十餘州，始終能以全域為出發點，為國家統一和民族團結而奮鬥。

冼夫人的兒子馮僕、孫子馮盎受其政治思想影響，都致力於為國家的統一事業做貢獻。

大唐開國，馮盎舉高、羅、春、白、崖、儋、林、振八州降唐，任高州總管，封耿國公。

當時，有部下對馮盎說：「唐室現在才初定中原，所謂天高皇帝遠，根本沒有能力控制咱們，現在咱們已坐擁二十多個州郡，地盤比當年的南越武帝趙佗的南越國大多了，咱們也可以自稱南越王。」

馮盎大義凜然地說道：「我馮家定居廣州五代，富貴極盛，但我秉承家風遺訓，遵奉中原正朔，怎麼敢效仿趙佗偏安一隅稱王稱霸，而使先人蒙羞呢！」

隋唐四代帝王為何都要和高句麗幹到底？

大家都知道，隋朝的滅亡與隋煬帝三征高句麗有極大關係。

為了征討高句麗，隋煬帝窮兵黷武，勞民傷財，弄得天怒人怨，四海鼎沸。

齊郡鄒平人王薄當時作了一首征遼東的歌謠，唱：「長白山前知世郎，披著紅羅綿背襠。長槊侵天半，輪刀耀日光。上山吃獐鹿，下山吃牛羊。忽聞官軍至，提刀向前蕩，譬如遼東死，斬頭何所傷。」

這首歌謠一問世，立刻傳遍大江南北，大澤龍蛇，聞風而動，英雄豪傑，逐鹿中原。隋王朝也最終在風起雲湧的內亂中轟然倒塌。

這裡有一個問題，隋煬帝並非演義小說中寫的那樣昏庸無能，和高句麗開戰失利的後果他也並非沒有想過，但他為何毅然決然地三番四次要與高句麗死磕呢？

這裡，得說一說高句麗的由來及其所作所為。

首先，高句麗是存在於中國東北地區和朝鮮半島北部的一個少數民族（地方）政權。甚至可以說，高句麗的歷史是中國歷史的一部分。因為，高句麗的統治中心和主要領土都在遼東半島，即中國東北。

事實上，在漢武帝時代，朝鮮半島北部也是大漢王朝不可分割的一部分，漢政府曾在其上建立了四個郡。

高句麗的崛起，是地方勢力的割據和壯大。

在中原王朝遭遇三國、南北朝對峙等長達數百年的大亂時，高句麗占據了遼東大部分領域，並徹底吞併了「朝鮮四郡」。

大隋王朝建立後，統一四海成了時代的主旋律。

對於任何一個有作為的君主來說，都應該以恢復漢代舊疆為己任。

當然，大隋開國之初，隋文帝一時還騰不出手來收拾高句麗。

高句麗卻唱起了主角，一方面向南陳稱臣，和南陳結成戰略攻守同盟，另一方面勾搭突厥，妄圖與南陳、突厥三方從南北兩面夾攻隋朝，阻止隋朝完成統一大業。

這讓隋文帝好不氣惱。

等相繼消滅了突厥、陳朝後，開皇十八年（西元598年），隋文帝調集了三十萬大軍以泰山壓頂之勢撲向高句麗。

可是，在此次大戰中，由於糧草不濟、疫病流行和其他自然災害的原因，隋的三十萬大軍幾乎全軍覆沒。

隋文帝目瞪口呆。

不過，高句麗也是奄奄一息，僅餘半條命。

國王高元趕緊上表自稱「遼東糞土高元」，向隋文帝稱臣。

隋文帝心雖不願，卻也無力再打，只好把未完成的歷史使命交給下一任帝王——隋煬帝。

高元雖然自稱「糞土」，其實不甘於向隋稱臣，仍積極奔走，與突厥、契丹、靺鞨交好，想與隋朝對抗。

高元的表現，隋煬帝當然不能容忍。

在隋煬帝看來，高句麗就是不肯服從於以隋朝為主導的秩序，它是在和隋爭奪東北亞的主導權。

為了重整秩序，從大業八年正月到大業十年二月，隋煬帝連續三次征伐高句麗。

其中氣勢最為浩大的是第一次，當時，隋煬帝意在震懾，出動了一百一十三萬大軍。結果，隊伍龐大，行動遲緩，後勤負擔沉重，最終自己把自己拖垮，慘敗而歸。第二次征戰，隋煬帝仍在打心理仗，在各大軍隊中設立了受降使者，一旦高句麗請降，就得停止進攻。這一點，被高句麗充分利用，時降時戰，反反覆覆，隋軍被戲耍得元氣大傷，仍是失敗而還。

最後一次征討高句麗時，隋內亂加劇，隋煬帝中途取消了進攻高句麗的計畫。民心已亂，烽煙四起，隋王朝很快走向了滅亡。

但是，不徹底解決高句麗問題，高句麗就有可能成為東北亞霸主，國際秩序就會因此而改寫。所以，在隋王朝廢墟之上建立起來的唐王朝，仍把打擊高句麗當成大事、要事來抓。

因為，如果不打趴高句麗，那麼大唐王朝就無法成為東亞世界的合法領袖。

而對於已經占據了東北的一大片領土的高句麗來說，其即便沒有和中原王朝爭奪東北亞霸主的雄心，但也是一個事實上與中原王朝平起平坐的地方政權。

由此，唐太宗、唐高宗兩朝，初唐名將李勣、程名振、蘇定方、龐孝泰、薛仁貴等一撥又一撥走上征戰高句麗的戰場，終於在唐高宗乾封二年（西元667年）平滅了高句麗，在平壤設置安東都護府。

為了搞定高句麗，中原王朝動用了兩朝四代的國力，歷時七十餘年，出兵十餘次，代價雖然有點大，但結果很值。

薛仁貴兩次接受敵人十萬人以上下馬跪拜投降

提起唐初名將薛仁貴，很多人受《薛仁貴征東》等演義小說影響，以為這是個被小說神化、誇大的人物。

其實，演義小說把薛仁貴神化為白虎星降世，反而弱化了人們對薛仁貴的認識。

歷史上薛仁貴的所作所為，絕對超出你的想像。

他不是神話，卻有神一樣的表現。

薛仁貴是山西絳州龍門人，天生神力，以耕種為生，到了三十歲，家裡仍窮困不堪。薛仁貴認為是祖墳風水不好，打算透過遷移祖墳以轉運。妻子柳氏勸他說：「大丈夫要懂得抓住時機，現在天子御駕親征遼東，正需要猛將，你有一身的本事，何不從軍立個功名？等你富貴還鄉，再改葬父母也不晚！」

薛仁貴壯其言，從之。

世上許多事理就這樣，如果一個人沒有找準自己的位置，沒有找到屬於自己的舞臺，可能就會寂寂無聞地度過一生。而一旦找到了適合自己發展的領域，不亞於如魚得水，怎麼來怎麼有。

薛仁貴到了戰場上，很快就脫穎而出。

貞觀十九年（西元645年）三月，在遼東安地戰場上，唐軍統帥劉君邛陷於敵人重圍之中，眼看就要束手就擒。值此危難時刻，薛仁貴單槍匹馬殺入，驚豔亮相，輕而易舉地完成了百人斬，成功地上演了自己的個人處女秀：他將一高句麗將領首級懸掛於馬上，敵人睹之膽寒，紛紛易辟。

此戰，只是一名普通小兵的薛仁貴名揚軍中。

僅僅一個月之後，薛仁貴又有驚爆眼球的表現。

高句麗大將高延壽、高惠真率軍二十萬在至安市一帶依山設防，抗拒唐軍。

唐太宗親臨一線，居高指揮。

諸軍知道天子掠陣，士氣空前高漲，無不傾力表現。

為了搶鏡，薛仁貴特意穿了一身耀眼的白衣銀甲，手持方天畫戟，腰挎兩張弓，單騎衝陣，不要命地殺入敵人二十萬大軍的大陣裡，來回衝殺，反復切割，硬是把敵人的陣形打亂。

唐太宗神飛色動，連聲喝彩，揮軍掩殺，一下子就把高句麗軍擊潰了。

戰後，唐太宗專門指定要見白袍戰將，賜馬二匹，絹四十匹，生口十人為奴，並提升為游擊將軍、雲泉府果毅。

不過，隨著戰事推進，到了深冬，唐軍征衣單薄，糧餉難繼，只好班師。

唐太宗悵悵然地對薛仁貴說：「跟隨朕開國打天下的豪傑猛將都老了，難堪遠征大任，一直想選擢驍雄之士以託付守護江山重任，現在看來，沒有人比你更合適了。朕不喜得遼東，喜得卿也。」

唐太宗認為，遼東百萬領土尚且比不上薛仁貴一個人有價值，這評價也是沒誰了。

可惜的是，唐太宗沒能看到薛仁貴之後的神奇表現。

顯慶三年（西元658年），薛仁貴隨營州都督兼東夷都護程名振再征高句麗。

薛仁貴負責打頭陣，一舉攻克赤烽鎮，斬首四百人俘一百餘人。

隨後，又擊潰高句麗大將豆方婁所部三萬人，斬首兩千五百級。

次年冬，薛仁貴敗高句麗大將溫沙門於橫山（今遼陽附近華表山），又於石城單騎陷陣，生擒高句麗神射手。

在石城之戰中，高句麗的神射手連施冷箭，射殺唐軍十餘人。薛仁貴目眥盡裂，策馬衝陣，猶如離弦之箭，避開高句麗人射來的箭矢，將那神射手生擒於馬上，兩軍將士睹之，驚為天神。

這年十二月，薛仁貴北上黑山擊契丹，擒契丹王阿卜固及諸首領回京獻俘。

龍朔元年（西元661年）十月，鐵勒進犯唐邊。唐高宗授薛仁貴為鐵勒道行軍副總管命其出征。大軍開拔前，唐高宗設宴餞行，故意對薛仁貴說：「古善射有穿七箚者，卿試以五甲射焉。」薛仁貴一笑應命，置甲取弓試射，但見弦動箭飛，火星飛濺，箭竟穿五甲而過。唐高宗大喜，命人取堅甲賞賜薛仁貴，壯其行色。

龍朔二年（西元662年）二月，回紇鐵勒九姓突厥（九部落）聚兵十餘萬人，恃天山（今蒙古杭愛山）設險阻擊唐軍。

在這兒，薛仁貴書寫了他軍事史上最為濃墨重彩的代表作——三箭定天山。

交戰時間是該年三月初一。

鐵勒十數員大將出陣搦戰，薛仁貴連發三箭，鐵勒三員大將墜馬而亡。

鐵勒大軍震怖色變，薛仁貴揮軍掩殺。

鐵勒軍陣腳大亂，紛紛下跪求降。

因為無從安置這十餘萬人，薛仁貴做了一件古今名將所不齒的醜事，竟將之全部坑殺。

回紇九姓突厥受此重創，迅速衰落。

薛仁貴將鐵勒首領葉護三兄弟押解回京獻俘，世間流傳歌謠「將軍三箭定天山，壯士長歌入漢關」。

消除了北患，乾封元年（西元666年），薛仁貴再回到高句麗戰場，又華麗麗地上演了一次單騎百人斬，解新城之圍，除遼東道行軍大總管李績之困。

次年十月，薛仁貴率三千人與高句麗主力部隊（有書記載高句麗軍出戰士兵多達二十萬）會戰於金山（今遼寧本溪東北之老禿頂山），薛仁貴率部斬敵首五萬餘，為金山之戰奠定了勝局。為此，唐高宗親筆寫詔書慰勞薛仁貴。

十一月，薛仁貴又率兩千玄甲騎兵奔襲扶餘城，斬敵二萬有餘，順利攻占堅城扶餘，驚嚇得餘川中四十多座城市望風而降。

薛仁貴之名威震遼海，成了高句麗心頭的魔咒，聽到就心驚肉跳。

次年九月，薛仁貴下平壤，高句麗國滅。

唐軍班師後，薛仁貴負責留守平壤，封右威衛大將軍、平陽郡公，兼安東都護。

非常有意思的是，薛仁貴治理遼東期間，史書說：「（薛仁貴）撫孤存老，檢制盜賊，隨才任職，褒崇節義，高句麗士眾皆欣然忘亡。」高句麗人不但沒有記恨薛仁貴，也忘記了亡國之痛，把薛仁貴當成了救世主。

也在這個時候，薛仁貴編撰了他的軍事著作《周易新本古意》。

話說回來，薛仁貴終究是人，不是神，他也並非百戰百勝，從無一敗。

青海大非川之敗是薛仁貴平生最大敗蹟，也是唐初戰史上的一大恥辱。

該戰的對手是新崛起的吐蕃，而薛仁貴年已六十一歲，倉促應命，又受郭孝恪的兒子郭待封的掣肘，以三萬人在大非川（今青海共和縣西南切吉平原；一說今青海湖西布哈河）接戰吐蕃四十萬大軍，最終遭受了平生第一次大敗。

饒是如此，薛仁貴仍予對方以重大殺傷，逼迫對方同意議和罷兵。

戰後論罪，薛仁貴差點被斬，幸虧唐高宗念其功大，法外開恩，貶為平民。

不過，自薛仁貴離開遼東，高句麗便發生了叛亂。

沒辦法，解鈴還須繫鈴人。

薛仁貴再次得到起用。

薛仁貴回到遼東，叛亂自動平息。

此後，六十多歲的薛仁貴在宦海中沉浮起落，先是被貶到象州，後因東突厥侵擾唐北境，又拜瓜州長史、右領軍衛將軍、檢校代州（治雁門，今山西代縣）都督。

永淳元年（西元682年）冬，六十九歲高齡的薛仁貴頂風冒雪，帶病在雲州，即今天的大同一帶，阻擊突厥人。

突厥統帥阿史德元珍與薛仁貴狹路相逢，驚問：「老將軍是誰？」

薛仁貴答：「薛仁貴。」

阿史德元珍疑惑地說：「我們聽說薛仁貴將軍發配到象州，已經死了，怎麼又在雲州出現？一定是騙人的！」

薛仁貴哈哈大笑，拿下頭盔，讓阿史德元珍細看。

阿史德元珍看見真是薛仁貴，立即下馬跪拜。

這是第二次有十萬敵軍向薛仁貴下跪投降。

但薛仁貴並未放過他們，揮軍逐殺，斬首一萬多，俘虜三萬多，繳獲牛馬無算。

這是薛仁貴最後一次大勝。

永淳二年（西元683年）三月二十四日，薛仁貴因病於雁門關去世，充滿傳奇的一生終於落幕，享年七十歲，被朝廷追贈為左驍衛大將軍，幽州（今北京城西南）都督。

薛仁貴是對外族作戰的英雄，是中華民族不該忘記的戰神。

此初唐悍將前後滅三國，皆生擒其主

韓國忠清南道扶餘郡有一座名叫定林寺的古廟，廟內有一座五層石塔，塔底有《大唐平百濟國碑銘》，為唐朝左武衛大將軍、上柱國、邢國公蘇定方討平百濟後所刊刻的紀功碑，故又稱《蘇定方塔》、《蘇定方碑》、《蘇定方平百濟塔》、《蘇定方偉績勒銘》、《蘇定方平百濟塔碑銘》。

碑銘上的記載是流傳至今有關大唐聯合新羅滅亡百濟的最直接、最基本的珍貴史料。

現在，定林寺址平濟塔已被韓國政府列為第九號國寶。

一些對歷史缺乏瞭解的韓國人也把蘇定方奉為本國民族大英雄。

其實，蘇定方是如假包換的中國人。

蘇定方，漢族，生於西元592年，冀州武邑（今屬河北）人，後遷居始平（今陝西興平以南），千古罕有的良將、猛將，一生征戰數萬里，東至朝鮮，西至烏茲別克，北到蒙古草原，南到青藏高原，滅敵無數，為唐朝開疆拓土數千里，功勳卓著。

隋末亂世，年方十五的蘇定方提槍上馬，征戰疆場。

史稱蘇定方「驍悍多力，膽氣絕倫」，殺張金稱於郡南，敗楊公卿於郡西，後投竇建德、劉黑闥。

竇建德、劉黑闥相繼敗亡，蘇定方歸隱鄉里。

唐貞觀初年（西元627年），唐太宗惜才愛才，起用蘇定方為匡道府折衝都尉。

從此，蘇定方走上了殺伐四方，為唐朝開邊定土的征程。

貞觀四年（西元630年），定襄道行軍大總管李靖遠征東突厥，蘇定方為先鋒，率領二百名手持弓弩的騎兵乘大霧疾行，突襲頡利可汗牙帳，掩殺數十百人，頡利及隋公主狼狽散走，餘眾俯伏，奠定了陰山大捷的基礎，順利平滅東突厥。

戰後論功，蘇定方授左武侯中郎將，後轉左衛中郎將。

永徽六年（西元655年）春，朝鮮半島上的高句麗、百濟、靺鞨聯合進攻新羅，攻占其北境三十餘城。新羅向大唐遣使求援。蘇定方隨同程名振攻打高句麗，得勝而歸，拜為右屯衛將軍，封臨清縣公。

同年五月，蘇定方又和蔥山道行軍大總管程咬金一起征西突厥，任前軍總管，率五百騎敗鼠尼施等部四萬之眾於鷹娑川（今新疆開都河上游裕勒都斯河谷）。

顯慶二年（西元657年），蘇定方任伊麗道行軍大總管，再次征討西突厥。這次，蘇定方大破沙鉢羅可汗阿史那賀魯，追至石國蘇咄城（今烏茲別克首都塔什干西北），俘阿史那賀魯，平滅了西突厥。

西突厥滅亡，原臣服於西突厥的中亞諸國紛紛降附，整個西域置於唐朝的掌控之下。蘇定方因功升遷為左驍衛大將軍，封邢國公。其兒子蘇慶節也得封為武邑縣公。

顯慶四年（西元659年）九月，疏勒、朱俱波、喝般陀三國復叛。蘇定方任安撫大使，至葉水（今烏茲別克和塔吉克境內的錫爾河），選精騎長途奔襲，晝夜疾馳三百里，窮追猛打，蔥嶺（今帕米爾高原）以西全部平定。

顯慶五年（西元660年），唐高宗親自前往太原任命蘇定方為神丘道大總管，命其率水陸大軍十萬餘人征討百濟國。

蘇定方自成山（今山東榮成市東北海邊）乘船橫渡黃海，直抵熊津江口（今朝鮮半島南部錦江口），滅百濟，擒其王扶餘義慈，以其地置熊津、馬韓、東明、金連、德安五都督府，並置帶方州。

至此，蘇定方「前後滅三國，皆生擒其主」。

大唐攻滅百濟，是中國古代戰爭史上罕見的跨海兩棲作戰，規模空前，體現了唐朝初年強大的水軍建設和先進的航海造船技術。

此戰雖然沒有達到滅高句麗的最終目的，但高句麗失去盟國，從此陷入孤立境地，而唐朝以百濟故土為戰略據點，對高句麗形成南北夾攻之勢，為滅亡高句麗打下了堅實基礎。

顯慶五年（西元660年）十二月，唐高宗展開第二次征伐大戰，詔以契苾何力為浿江道行軍大總管，蘇定方為遼東道行軍大總管，劉伯英為平壤道行軍大總管，程名振為鏤方道總管，率兵分道進擊高句麗。

龍朔元年（西元661年）八月十一日，蘇定方破高句麗於浿江（今朝鮮大同江），數戰皆捷，遂圍平壤城（高句麗首都）。但北線的陸路唐軍進展緩慢，蘇定方軍開始出現糧草、冬衣補給的困難，進攻的最佳時機已不復存在。堅持到龍朔二年（西元662年）二月，缺乏友軍協同作戰援助的蘇定方知事不可為，無奈班師回國。

龍朔三年（西元663年）五月，唐朝西北邊境局勢又告不安，吐蕃與吐谷渾互相攻伐。吐谷渾落敗後，請求移居唐朝內地。唐高宗任命左武衛大將軍蘇定方為安集大使，節度諸軍，以定吐蕃、吐谷渾。

已是白髮蒼蒼的蘇定方慨然受命，西出陽關。

乾封二年（西元667年），蘇定方病逝，終年七十六歲。

唐高宗聞訊後悲傷痛惜，下詔追贈蘇定方為幽州都督，謚號為「莊」。

為了紀念這樣一位戰功赫赫的良將，朝廷後來將其畫影圖形，列入凌煙閣。

唐德宗時代，朝廷又將蘇定方等古代名將六十四人設廟享奠。

在宋代設立的武廟中，蘇定方赫然在列，為七十二名將之一。

可惜的是，就是這樣一個「滅國神將」，在清代小說《說唐》系列裡被描寫成一個奸詐小人，先後施奸計射殺了羅藝、羅成父子，致使蘇、羅兩家仇深似海，恩怨糾葛涉及好幾代人。蘇定方也因此成了很多人心中的大反派，嚴重被黑。

為救一女子，此人於萬軍之中奪旗斬帥

論及中國古代歷史，最令國人驕傲自豪者，莫過於漢唐兩朝。所謂「唐家雄魂，漢家氣魄」是也！

這兩朝不但國力強盛、國運綿長，而且威嚴不容挑釁，稍有犯者，雖遠必誅！

西漢的霍衛時代自不必多說，迅若閃電，擊若雷霆，打得匈奴人掩面痛哭：「失我焉支山，令我婦女無顏色。失我祁連山，使我六畜不蕃息。」

即使到了東漢，漢家鐵血本色也絲毫未褪。

超級牛人班超三十六騎出邊塞，西域群國盡低頭。

與漢代相比，唐代的強悍也不遑多讓。在唐太宗建立的「天可汗時代」裡，四方八荒的蠻夷之國紛紛入朝進貢，太宗皇帝君臨天下、俯攬四海，儼然是全天下的君主。

而像霍衛之類的戰神、班超之類的孤膽英雄，也是層出不窮，只不過，宣傳力度不夠，致使英雄豪傑長時間沉寂於故紙堆中。

席君買是真正的武將出身，《新唐書》卷二百二十一上記其「善使槍棒，弓馬嫻熟，能開六石強弓」。

話說，長期為害大唐邊境的吐谷渾於唐貞觀九年（西元635年）被唐軍擊潰。

吐谷渾可汗伏允兵敗自殺，其長子慕容順引兵出降，得封為西平郡王，居伏俟城。

慕容順死後，其子諾曷鉢繼位，被封為河源郡王，號烏地也拔勒豆可汗。

為了更好地控制和籠絡諾曷鉢，唐太宗於貞觀十四年（西元640年）將宗室女弘化公主許配給他，並加封為青海國王。

這麼一來，明擺著諾曷鉢是大唐的女婿，有大唐罩著。

但是，吐谷渾的丞相宣王跋扈，陰謀作亂，想襲擊公主，劫持諾曷鉢投奔吐蕃。

諾曷鉢事先得到消息，急帶輕騎前往鄯善城向大唐果毅都尉席君買求救。

席君買手下只有一百二十名騎兵，而宣王手下卻擁眾過萬，怎麼救？

席君買藝高人膽大，他對手下的一百二十名騎兵說，公主受辱，便是大唐受辱，我等救下公主，乃是奇功一件，宣王雖然人多，但一定不會料到我敢主動出擊，以有備攻無備，一定可以得志！

這一百二十名騎兵都是馳騁於邊陲多年的百戰邊兵，一個個志氣比天高，聽了席君買的話，全都摩拳擦掌，表示願拼死一戰，彰顯唐家男兒雄風。

於是，一群人說幹就幹，風馳電掣，殺往宣王軍隊的駐地。他們沒有從正面突入，而是從側翼發動偷襲，直撲中軍。

情形正如席君買事前所料，宣王軍隊猝不及防，一下子就亂了。

混亂中，席君買等人奪旗斬帥，不但連斬宣王的三位兄弟，還在眾目睽睽之下射殺了宣王！

群龍無首，宣王的軍隊除了小部分驚潰逃散，大部分都跪地請降。

隨後前來接受獻俘的諾曷鉢看到這一幕，覺得不可思議，嘴巴張得大大的，好久都合不攏。從此之後，對大唐更加敬若神明，百依百順。

席君買領騎兵一百二十人平定吐谷渾內亂的壯舉也因此永遠鐫刻進了中國的歷史。

此國國主襲擊唐使團，被一人滅一國

大唐國力鼎盛，唐太宗俯攬四海，四方八荒的蠻夷之國紛紛入朝進貢，尊稱唐太宗為「天可汗」。

大唐蔥嶺以南有國名叫天竺，當時分東西南北中五大塊，其間的中天竺最為強大。中天竺的國王在《舊唐書》裡記為摩伽陀王，其名為尸羅逸多。

尸羅逸多看周邊各國，包括東南西北天竺都紛紛歸附唐朝，也不敢怠慢，於貞觀十五年遣使朝貢。

唐太宗天公地道，給其降璽書犒勞。

尸羅逸多受寵若驚，對左右大臣說：「自古以來可曾有中華上國派人出使咱們這種粗鄙之國乎？」

眾大臣羞赧無限，垂頭答：「未之有也。」

尸羅逸多泥首崇拜，虔誠萬分地受詔書，愈加熱烈地遣使朝貢。

唐太宗遣衛尉丞李義表為正使、本文主角王玄策為副使，於貞觀十七年三月，伴隨印度使節報聘。

貞觀十九年正月，尸羅逸多帶領大臣郊迎，傾城縱觀，萬民空巷，焚香夾道，拜受敕書。接著，又敬獻上火龍珠、鬱金香、菩提樹等瑰寶，讓李義表、王玄策帶回。

貞觀二十一年（西元647年），唐太宗命王玄策為正使、蔣師仁為副使一行三十人出使西域，並到天竺答禮。

一路行來，收納了許多國家的貢禮，眼看就要到中天竺了。

誰知，尸羅逸多於恆河溺水而亡，中天竺王國內大亂，阿羅那順篡位。

阿羅那順賊膽心虛，風聞天朝使者來了，生怕自己的王位得不到天朝的承認，一不做二不休，就想幹掉使者團，殺人滅口，派了兩千人馬半路匿伏。

王玄策從騎三十人與之禦戰，不敵，諸國貢獻之物盡被擄掠，王玄策、蔣師仁逃脫，立誓要滅掉阿羅那順，以雪此恥！

當然，王玄策並非就這樣哭著喊著逃回大唐，而是策馬北上，過甘地斯河和新都斯坦平原，一路來到尼波羅（今尼泊爾）王國，以天朝的名義，向國王那陵提婆徵調戎行，得到了七千尼波羅騎兵。隨後，又檄召臨近處各大唐藩屬國，外加吐蕃王松贊干布派來的一千二百名精銳騎兵，人馬總數近一萬。王玄策自命為總管，命蔣師仁為前鋒，重返中天竺，向篡位者阿羅那順應戰。

戰爭竟然是這樣的毫無懸念：「玄策與副使蔣師仁率二國兵進至中天竺國城，連戰三日，大破之，斬首三千餘級，赴水溺死者且萬人，阿羅那順棄城而遁，師仁進緝捕之。虜男女一萬二千人，牛馬三萬餘頭匹。」

貞觀二十二年，王玄策押解著這一萬二千男女、三萬餘牛馬回到京師，唐太宗龍顏大悅，命有司告宗廟，拜玄策朝散大夫。

高宗顯慶三年（西元658年），王玄策第三次出使天竺，次年到達婆栗闍（今達班加北部）國，五年訪問摩訶菩提寺，禮佛而歸。

王玄策數度出使天竺，著有《中天竺國行記》十卷，圖三卷，今僅存片斷文字，散見於《法苑珠林》、《諸經要集》、《釋迦方志》中。

王玄策「一人滅一國」的傳奇在世界史上都是空前絕後的奇功，悵惘的是，因為缺少宣傳，不為更多人得知。

於此，日本作家田中芳樹不無詼諧地表明，我國古典名著《西遊記》中玄奘法師西天取經的耀眼榮耀吞沒了與之同年代的王玄策，而且王玄策的官位比較低，正史沒有獨立為他樹碑立傳，致使蓋世英雄寂寂無聞。

也可以由此推知歷史長河中不知吞沒過多少像王玄策一類的英雄人物。

一句話，自古以來，中華民族從不乏王玄策之類的英雄人物，漢唐和現在都是中華歷史上的盛世，凡犯我中華者，雖遠必誅！

俄羅斯一酋長自稱是唐太宗同姓兄弟宗親

吉爾吉斯人是跨境居住的民族，主要分布在吉爾吉斯境內，其餘分布在中國（中國境內稱柯爾克孜族）、烏茲別克、塔吉克、哈薩克及阿富汗等地。

關於吉爾吉斯人的起源至今尚有爭議。一般認為吉爾吉斯人的先民在兩千多年前居住在葉尼塞河上游流域，後來逐漸向西南遷至天山地區，中國史書上先後稱為「堅昆」、「黠戛斯」。

堅昆之稱見於漢文史冊，唐代文獻記作黠戛斯。

《新唐書・列傳》第一百四十二記：「黠戛斯，古堅昆國也……人皆長大，赤髮，皙面，綠瞳，以黑髮為不祥。」

黠戛斯曾先後與匈奴、丁零、鮮卑、柔然、突厥、薛延陀、回鶻等民族有過接觸，曾被匈奴、鮮卑、柔然征服，也聯合屬部抗擊過強悍的突厥、回鶻，唐初日漸鼎盛。

唐初，大唐帝國連破東突厥、高昌、薛延陀等游牧汗國，進入「天可汗時代」，四海臣服，萬國來朝。

黠戛斯於西元648年入朝進貢，並且酋長失鉢屈阿棧還與李唐皇室攀起親來。

來自唐朝西北數千里、今俄羅斯葉尼塞河上游地區的游牧民族黠戛斯怎麼會與李唐皇室扯上親戚關係呢？

黠戛斯酋長失鉢屈阿棧提到了一個人：漢將李陵。

《舊唐書・列傳》第一百四十五記：「黠戛斯自稱李陵之後，與國同姓。」

話說，西元前99年，漢武帝派貳師將軍李廣利率三萬鐵騎出征匈奴。兩軍在天山開戰，為減輕正面戰場的壓力，騎都尉李陵主動請纓，要求領五千步卒從居延海以北深入敵境，開闢第二戰場，牽制匈奴軍隊。李陵部隊行軍一個月後，與匈奴單于率領的八萬騎兵在浚稽山展開激戰，十天共斬殺匈奴騎兵一萬餘人。最後因寡不敵眾，矢盡糧絕，李陵被俘投降。

李陵投降的消息傳到了漢朝，轟動一時，漢廷文武百官中大多數人都認為李陵罪不容恕，全家當誅，只有司馬遷一人為李陵辯護，司馬遷此舉激怒了漢武帝，被關進了監獄。司馬遷後來被處以腐刑。

與李陵不和的公孫敖趁機誣陷李陵傳授兵法給匈奴單于，並準備侵犯漢朝。漢武帝一怒之下，滅掉了李陵滿門。直到後來漢朝遣使匈奴時，才弄清楚教兵法給匈奴的並非李陵，而是另一位降將李緒。

滅門之痛，使李陵決意留在匈奴。匈奴且鞮侯單于對李陵十分器重，不僅把女兒嫁給了他，封他做金刀駙馬，還封他為右校王。

漢武帝去世以後，漢朝多次派使者前往匈奴，表示漢朝已經大赦天下，希望李陵能夠回歸漢朝。李陵摸了摸自己的頭髮，說：「吾已胡服矣！」再也沒有回到漢朝，在匈奴生活了二十餘年，於西元前74年病故。

黠戛斯酋長自稱是李陵的後裔，與唐朝皇帝「天可汗」李世民是同宗。

如果黠戛斯酋長確系李陵後裔的話，那麼他跟唐朝皇帝還真的是宗親。

因為，李陵是隴西成紀（今甘肅靜寧）人，西漢名將李廣之孫。而唐朝皇帝的先祖也出自隴西成紀，亦自稱是李廣之後。

問題是，黠戛斯酋長自稱李陵後裔是否可信呢？

史料記載，李陵被匈奴單于封為右校王后，負責管轄當時被匈奴征服的堅昆一帶地區，而堅昆就是黠戛斯的古稱。另外，黠戛斯人大多為赤髮綠瞳，而自稱是李陵後裔的黠戛斯人則為黑髮黑瞳，明顯具有同漢人混血的特徵。因此，黠戛斯酋長自稱是李陵的後裔，可信度還是很高的。

於是，黠戛斯酋長一行受到了唐太宗的熱情款待。

宴會上，認親成功的酋長開懷暢飲，請求歸屬唐朝。

唐太宗連連點頭，答應在黠戛斯轄地設立堅昆都督府，隸屬燕然都護府，封黠戛斯酋長俟利發為左屯衛大將軍、堅昆都督。

黠戛斯自此納入了唐朝行政體系，並同唐朝保持了上百年友好關係。

其中，西元７０８年黠戛斯遣使訪唐，唐中宗撫使者背，語重心長地說：「爾國與我同宗，非它蕃比。」使者聽了，熱淚盈眶，頓首泥叩。

黠戛斯也因此成了唐朝最忠誠的番邦，多次參加唐朝打擊後突厥的軍事行動。

唐玄宗曾在《征突厥制》詔書中大贊黠戛斯軍隊「弧矢之利，所向無前」。

突厥勢力消亡後，新崛起的回紇（即回鶻）成了漠北草原的雄主，黠戛斯又跟隨著唐朝利劍的指向把矛頭對準了回紇人。

西元７５５年，安史之亂爆發，唐朝自顧不暇，黠戛斯在與回紇的爭鋒中慘敗，「自是不能通中國」。

但黠戛斯人似乎繼承了祖上李廣、李陵渴望建功漠北的基因，沒因此沉落，反而勵精圖治，於西元８４０年襲擊回鶻成功，並一鼓作氣消滅了回鶻汗國，終於成為漠北草原上的新雄主。

這時的唐帝國已經走向下坡路，黠戛斯以親情為重，不帶勢利眼，於西元８４３年二月入使請求恢復同唐朝的藩屬關係。

該年三月，唐武宗命宰相李德裕起草《賜黠戛斯可汗書》，並以太僕卿趙蕃為安撫黠戛斯使出使黠戛斯。

《賜黠戛斯可汗書》著重於敘親情，稱：「又聞可汗受氏之源，與我同族，國家承北平太守之後，可汗乃都尉苗裔。以此合族，尊卑可知。今欲冊命可汗，特加美號，緣未知可汗之意，且遣諭懷。待趙蕃回日，別命使展禮。」

西元845年，唐武宗還擬遣使冊封黠戛斯可汗為「宗英雄武誠明可汗」，但其本人駕崩，此舉未能實行。

兩年之後，即西元847年，唐宣宗承襲武宗遺願，冊封黠戛斯可汗為「英武誠明可汗」。

後來，隨著契丹崛起、蒙古擴張、噶爾丹的稱雄，黠戛斯人的生存空間受到擠壓，不斷遷徙，分布到了帕米爾高原、中亞費爾幹納等地。

大畫家閻立本後悔自己入錯行

略微瞭解中國繪畫史的人都知道，中國水墨畫用毛筆沾墨運作，落筆不容塗改，所以強求意境，不求敷染。

這方面，潑墨寫意畫不必說，就算是工筆畫，也是以線為主要造型手段，追求「以形寫神」。

所以，中國的水墨山水畫是最富於詩情畫意的。

濃墨的地方，酣暢淋漓；淡墨的地方，空曠縹緲。

此外，畫花卉、畫鳥蟲、畫蝦、畫馬，也能惟妙惟肖、形神兼備，活靈活現。

可是，畫人物，一直是短板。

中國古代流傳下來的畫像，大多頭大腳小，比例嚴重失衡不說，人物全是千篇一律的臥蠶眉、柳葉眼。這樣，畫面的線條雖然流暢，但人物形像不立體，呆板，單調。明朝的仇十洲、唐伯虎號稱畫美女的國手，但筆下的美女，全是一個模子。宮廷裡的畫師給明清兩朝皇帝畫的畫像，差不多也長著相同面孔。

從這個角度來說，唐初大畫家閻立本的畫作也脫不了這一模式。但閻立本曾經奉唐太宗召令為其畫像，作品完成後，得到了唐太宗本人的讚歎和認可。

也就是說，唐太宗認為閻立本為自己所畫的畫像是非常接近自己真容的。

此後，唐太宗又讓閻立本畫了《秦府十八學士》、《凌煙閣功臣二十四人圖》。這兩大作品共四十二幅肖像畫，也得到了眾人的讚歎，均稱其畫作精湛，神采如生。

說起來，閻立本應該是一個政治人物，他是雍州萬年（今陝西西安臨潼區）人，出身貴族，其父閻毗為北周朝駙馬，很有政治背景。閻立本本人在太宗貞觀時任主爵郎中、刑部侍郎、將作少監，顯慶年間升到了宰相。

但是，閻立本能在青史留名，非在政績，而在畫技。

閻立本的父親閻毗多巧思，工篆隸書，擅長繪畫，入隋後得到隋文帝和隋煬帝的青睞。

閻立本秉承家學，又師張僧繇、鄭法士，繪畫技藝青出於藍更勝於藍。他筆下的人物、車馬、臺閣惟妙惟肖，栩栩如生，深為當世推重，被時人列為「神品」。

除了為唐太宗所畫的《秦府十八學士》、《凌煙閣功臣二十四人圖》飲譽海內外，其他如《步輦圖》、《古帝王圖》、《職貢圖》、《蕭翼賺蘭亭圖》等作品流傳於世，「丹青神化」，為「天下取則」。

不過，閻立本並不喜歡自己「畫師」的身分。

蓋因畫師在唐代是一個極其卑賤的行業，容易被人看輕看扁。

他在太宗朝任主爵郎中期間，唐太宗與侍臣們在御苑的池中泛舟遊玩，看到池中有奇異的怪鳥在水面上飛舞。唐太宗手拍船欄杆高聲大贊，命令在座陪同的侍臣們現場賦詩贊詠，又命令隨侍的宮人宣召閻立本前來將怪鳥畫下來。宮人們當即向岸上傳呼道：「召畫師閻立本到青苑玉池拜見皇上！」閻立本的職位是主爵郎中，卻被人呼成畫師，不由得又羞又愧，卻又不能裝作沒聽見，只好面帶尷尬地跑到池邊揮筆繪畫。畫的時候，臉上青一陣、紅一陣。好不容易交差了，回到家裡，悲涼地對兒子說：「我少好讀書，自認不是蠢材，所作文章，都是有感而發，與同行相較，也算上乘。可是，就因為繪畫出了名，人們看到的只是我的畫，看不到我的其他才能。這真是莫大的恥辱。你應該深以為戒，千萬不要再學繪畫。」

飲譽海內的大畫家討厭自己畫家的身分，並且不許自己的兒子學畫，不可謂不是一個時代的悲哀。

文成公主入藏後地位如何？

吐蕃王室的始祖崛起於藏南地區的雅隆河谷。

按照藏人的傳說，大約在西元前127年，雅魯藏布江流域的幾位苯教領袖一起迎立聶赤贊布為王，王位傳承了二十餘世，西元7世紀初，當位的是吐蕃一代雄主松贊干布贊普。松贊干布，意為深沉寬厚傑出能幹的男子；贊意為雄豪有力，普為大丈夫，故吐蕃王朝將國王稱為贊普。《新唐書》等漢文史籍一般稱松贊干布為「棄宗弄贊」或「棄蘇農贊」。

松贊干布雄才大略，先後兼併了今西藏北部及青海西南部、甘孜、理塘一帶的部落，緊接著又征服了青海一帶的黨項、白蘭等國，於西元633年建都邏些（今拉薩），建國號「大蕃」，在布達拉山上建立皇宮，正式建立吐蕃王朝。

松贊干布野心勃勃，參照唐朝的中央官制和府兵制度，建立了從中央到地方的政治軍事制度。

貞觀八年（西元634年），松贊干布派出使者赴長安與唐朝通好問聘，但唐太宗沒有同意。

於是，松贊干布準備與唐朝爭奪西域地區的控制權。

過了兩年，到了貞觀十年（西元636年），松贊干布將目光瞄準了盤踞於今青海和甘肅一帶的吐谷渾王國。

這個吐谷渾王國曾在隋煬帝時代被大隋帝國滅了國，但又在隋末亂世復了國。貞觀八年（西元634年）初，唐一代軍神李靖率軍一萬，僅用一年時間就擊潰了吐谷渾，扶立了親唐的半傀儡政權，吐谷渾自此成了大唐的屬國。

西陲霸主松贊干布提兵攻占吐谷渾，大唐與吐蕃間的開戰不可避免。深諳文韜武略的唐太宗覺察到了來自吐蕃方面的凌厲殺氣，為了化解這股殺氣，他毅然將宗室女文成公主下嫁給松贊干布。

唐太宗認為，大唐和吐蕃成了翁婿之國，則兩國自然息刀兵而興文治。

文成公主下嫁松贊干布事件中有幾個細節要注意：

一、文成公主下嫁給松贊干布這年是貞觀十五年（西元641年），雖說松贊干布的生年現尚存爭議，一般認為他誕生於隋朝義寧元年（西元617年），則貞觀十五年（西元641年）這年，松贊干布為二十四歲。《新唐書・吐蕃傳》記：「貞觀八年，始遣使者來朝，帝遣行人馮德遐下書臨撫。弄贊（即松贊干布）聞突厥、吐谷渾並得尚公主，乃遣使齎幣求昏（即婚），帝不許。」松贊干布於七年前請求迎娶唐朝公主，是因為他得知突厥、吐谷渾都能娶到唐朝公主，自認為吐蕃政權的國力和地位不次於二者，故而請求迎娶唐朝公主，那是想得到與突厥、吐谷渾平等的政治地位。另外，松贊干布到唐朝求婚，並未指定具體要娶誰，只要是公主就行。而文成公主也並不是唐朝皇帝李世民的女兒。文成公主到底是誰的女兒，至今仍是一筆糊塗賬，史書上提到她生於任城（今山東濟寧）。又因為李世民的堂弟李道宗曾被封為任城王，故人們大多猜測文成公主為李道宗的女兒。

二、祿東贊也寫噶爾・東贊，漢文史籍中以祿東贊、論東贊、大論東贊的名字出現，是吐蕃著名政治家、軍事家和外交家，曾擔任過大論之職，其最大的功績是劃定田界，確立吐蕃的封建制度。貞觀八年（西元634年）代表松贊干布到長安求婚的人也是他。該次求婚失敗，《新唐書・

吐蕃傳》記載：「使者還，妄語曰：『天子遇我厚，幾得公主，會吐谷渾王入朝，遂不許，殆有以間我乎？』弄贊怒，率羊同共擊吐谷渾，吐谷渾不能抗，走青海之陰，盡取其貲畜。又攻黨項、白蘭羌，破之。勒兵二十萬入寇松州，命使者貢金甲，且言迎公主，謂左右曰：『公主不至，我且深入。』」可見，松贊干布攻擊吐谷渾，與迎娶唐朝公主是有一定關係的。貞觀十四年（西元640年），祿東贊攜帶了大量黃金、珠寶，率領龐大求婚使團，前往唐都長安請婚。當時到唐朝求婚的還有天竺、大食、仲格薩爾以及霍爾王等國的使者。但設置難題考驗求親使者事，史不見載，只在藏地廣為流傳，現在，拉薩大昭寺和布達拉宮內仍完好地保存著描畫該傳說的壁畫。按照壁畫上的紀錄，不是三道難題，而是八道，稱「八試婚使」（又稱「八難婚使」，也有「六試婚使」之說），除了「絲帶穿珠」、「辨馬母子」、「辨木首尾」外，還有「辨雞母子」、「日殺百羊」、「日飲百酒」、「夜返宿地」、「辨認公主」五道難題。這些難題，明顯帶有民間藝人虛構編造的痕跡，應該不是真的，但唐太宗要用孫權嫁妹給劉玄德的策略，而祿東贊勝利完成松贊干布交付的求婚任務卻是無可辯駁的史實。現存於世的閻立本代表作《步輦圖》也描繪有唐太宗接見來求親的吐蕃使者祿東贊的情景。據《新唐書》記，唐太宗器重祿東贊的才識，封他為「右衛大將軍」，並欲以琅琊長公主的外孫女段氏妻之，挽留他久居長安，不時垂問。但祿東贊毅然拒絕，說：「臣本國有婦，父母所聘，情不忍乖。且贊普未謁公主，陪臣安敢輒娶。」

三、根據藏文本《敦煌本吐蕃歷史文書》的《編年記事》所記：「此後六年，墀松贊贊普升遐（歸天），與贊蒙文成公主同居三年耳。」有人因此說松贊干布與文成公主結婚後的九年時間裡，有六年不與文成公主產生交集，從而推測在剛開始伴駕的三年時間裡，文成公主也不過只是松贊干布身邊一個侍女式的人物罷了，從而斷言文成公主一生淒苦可憐，從沒享受過愛情和甜蜜。也有人提出，文成公主入藏多年，無子無寵，地位平庸。

那麼，真實的情況是怎麼樣的呢？

《新唐書》記載，松贊干布自攻打吐谷渾後，與唐朝相對峙，戰爭消耗嚴重，群臣申請罷兵返國，甚至有八人以自殺相威脅。松贊干布最後被迫撤兵，並「以使者來謝罪，固請昏」。即吐蕃是在失敗的背景下低姿態向唐朝求婚的。

而《舊唐書》記得更詳細，貞觀十五年正月，文成公主入嫁吐蕃，唐太宗令禮部尚書、江夏郡王道宗主婚，持節送公主入藏。松贊干布得到消息，興高采烈地前往位於黃河源頭的美麗湖泊柏海（今青海瑪多）邊上迎接。等見到了李道宗，行過子婿之禮，對大國服飾禮儀威嚴自慚形穢，態度畢恭畢敬。

松贊干布攜文成公主回到邏些（今拉薩），在拉薩瑪布日山（今布達拉山）專為文成公主修建了城池和宮室，並語重心長地對自己的親長說：「我的祖輩父輩從來沒有過和中原上國通婚的，如今我迎娶大唐公主，實在是莫大的榮幸，應當為公主修築一座城池，以誇示後代。」

文成公主不喜歡吐蕃人「赭面」（以紅顏料塗面），松贊干布立刻廢除這項習俗，他本人也脫下氈裘，穿上紈綺，逐漸仰慕唐風。松贊干布還派出吐蕃貴族們的子弟，請求進入國學學習《詩》、《書》，又請唐朝文人典其表疏。

祿東贊在唐太宗伐遼東後，奉松贊干布之命到長安朝賀，帶去高七尺，可裝酒三斛的黃金所製大鵝一隻。

貞觀二十二年，右衛率府長史王玄策出使西域，遭到中天竺國的搶劫殺戮，松贊干布拔刀相助，發精兵滅掉了中天竺。

唐太宗駕崩，唐高宗繼位，松贊干布派專使往長安弔祭，獻金十五種供於昭陵（唐太宗墓），並上書唐高宗，表示對唐朝新君的祝賀和支持，許諾保證說：「天下凡有不忠於唐室者，吐蕃必提兵前往征討。」

種種跡象表明，文成公主是很得寵、很受尊重的。

試想想，吐蕃與天朝結親，因此得以學習漢族儒家文化，引進內地作物和先進技術，改革風俗，極大地促進了本民族經濟文化的發展，有什麼理由要冷落和刁難文成公主？

吐蕃書籍《賢者喜宴》就明確記載：「松贊干布登臨歡慶的寶座，為文成公主加冕，封作王后。」

《敦煌吐蕃歷史文書》則載：「贊蒙文成公主由噶爾・東贊域松迎至吐蕃之地。」、「及至羊年（西元683年）……冬，祭祀贊蒙文成公主。」按《敦煌吐蕃歷史文書》的記載，有贊蒙尊稱並且去世後享有祭祀，是地位不低於吐蕃王后的人擁有的待遇。松贊干布的後妃裡僅文成公主擁有這待遇。

可以說，文成公主是中華民族融合歷史上的一座豐碑，她不避艱險，遠嫁吐蕃，促進了唐蕃間經濟文化的交流，增進了漢蕃兩族人民的友誼。

關於文成公主與松贊干布只在一起生活三年的說法，源自《敦煌吐蕃歷史文書》中的《大事紀年》的記載。

在《敦煌吐蕃歷史文書》中，鄭重地提到了松贊干布與文成公主生活了三年，卻沒有松贊干布與其他后妃生活的任何記載，也沒有其他后妃為松贊干布生子（松贊干布與蒙氏妃的兒子出生於松贊干布娶文成公主之前）的記載。原因是在松贊干布生命中最後的六年，他一直忙於吞併象雄等眾多事務，並不是偏寵其他女人而冷落文成公主（《敦煌吐蕃歷史文書》記載「發兵攻象雄王之國……象雄一切部眾咸歸於轄下收為編氓……舉凡吐蕃之一切純良風俗」）。

實際上，《敦煌吐蕃歷史文書》、吐蕃碑文（金石銘刻）以及《賢者喜宴》等吐蕃資料中，都有對文成公主的記載，卻極少有松贊干布的其他后妃的記載。

永隆元年（西元680年），文成公主因病去世，吐蕃王朝為她舉行隆重的葬禮，唐遣使臣赴吐蕃弔祭。

唐蕃會盟碑有文字記載：「於貞觀之歲，迎娶文成公主……重協社稷如一，更續姻好。」現在，拉薩仍保存有建於當時的文成公主的塑像。

據此種種，文成公主和松贊干布的愛情故事，確屬一樁偉大的愛情，於其兩人來說如此，於漢蕃兩族人民來說，更是如此。

第五章　女皇主政

中國第一位女皇帝，遭除衣凌辱、腰斬而死

說起中國的第一位女皇帝，很多人的第一反應就想到武則天。

武則天稱帝的時間是西元690年。

但有一位女皇帝的稱帝時間更早，是西元654年，比武則天整整早了三十六年。

所以說，這位女皇帝才是真正的中國第一位女皇帝。

她，就是在西元654年，也就是唐高宗永徽五年，率領農民起義的女首領陳碩真。

陳碩真，浙江睦州青溪人，早年喪夫，到道觀帶髮修行。

唐太宗統治後期，朝內大行奢侈之風，部分地區的人民受到了較重的剝削和壓迫。

陳碩真的家鄉青溪位於今天浙江西北部，與安徽相鄰，土地肥沃，物產豐富，因而受到了官府更加苛刻的盤剝。

唐太宗駕崩，唐高宗即位，在唐王朝新舊政權交接過程中，青溪一帶的官府統治更加黑暗。

正在民間傳教的陳碩真目睹家鄉民眾飽受官吏的壓榨和迫害，忍無可忍，就利用傳教的便利，

串聯起數百人，趁勢而起，呼嘯山林，公開和官府作對。

陳碩真的義旗一舉，就得到了附近州縣窮苦百姓的回應和支持，隊伍一下子擴大到兩千多人。就憑著這兩千多人，陳碩真一下子就攻陷睦州首府及所屬諸縣，並將勢力延伸到了浙皖交界處的幾個州。

為了把造反事業做得更大，陳碩真宣布建立屬於自己的政權，自稱「文佳皇帝」。

陳碩真稱帝的消息傳到長安，唐高宗大驚失色，命令揚州刺史率兵圍剿。

陳碩真雖然已經稱帝，但手下兵馬其實只有三萬，與強大的官軍相比，兵力懸殊。在官軍的前後夾擊之下，不足兩個月，陳碩真全軍覆滅，她本人被俘。

自古以來，統治者對於叛逆和謀反的人從來都不會手軟。毫無例外，陳碩真遭受到了極刑。

根據《新唐書・刑法志》的記載，唐代的極刑有五種：「罄，絞，斬，梟，裂。」

「罄」又作「磬」，是樂器的一種，用作刑名，即是行刑時用絞索套住犯人的脖子，像古時的樂器磬那樣將犯人懸掛起來。

「絞」就是「絞刑」，即用繩索套在犯人的脖子上，兩邊收緊，把犯人勒死。它和「罄」的區別在於不用把犯人懸掛起來。

「斬，梟，裂」分別指腰斬、梟首和車裂。

這五種極刑中，使用最多的是腰斬和車裂。

車裂，俗稱五馬分屍，用五匹馬套著車分別拉著犯人的頭部和四肢，同時發力，將人的身體生生拉扯成五塊，這個過程無疑是極其痛苦的。

但，車裂雖然痛苦，人卻死得快，痛苦也消失得快。腰斬的話，身體被鍘刀從腰間一分為二，儘管內臟流出，但主要器官沒有受到損傷，人還可以活很長一段時間，痛苦也就跟著延長了許多。

唐朝統治者對陳碩真處以的是腰斬。並且，他們覺得，陳碩真以邪術惑眾，鼓動民眾起義，是民眾敬仰和崇拜的對象，於是，在行刑前，有意剝光她的衣物，對其當眾凌辱，以摧毀她的形象。

所以說，陳碩真在就刑時，受到了肉體和精神上的兩大摧殘，當真是痛苦之極。回頭想想，明知事不可為而為之，面對強敵，陳碩真仍義無反顧地自稱「文佳皇帝」，建立政權，這是何等的壯烈。

中國著名歷史學家翦伯贊因此高度評價陳碩真為「中國歷史上第一位女皇帝」。

武則天娘家那些奇葩事

武則天的父親武士彠一生娶過兩個妻子，原配妻子相里氏生有四子，夭二子，餘二子為武元慶、武元爽。相里氏死，娶繼室楊氏，生三女，長女嫁賀蘭越石，封韓國夫人，死後追封鄭國夫人；次女就是武則天；季女嫁郭孝慎。

武士彠離世後，武元慶、武元爽和他們的兒子武惟良、武懷運等人對繼母楊氏及楊氏的三個女兒都很不好，經常想一些陰招來折磨這些孤寡弱女，並以此為樂。

武則天冊封為皇后不久，追贈武士彠為司徒，改封母親楊氏為榮國夫人。彼時，武元慶在朝中任宗正少卿，武元爽則任少府少監。

武則天母親楊氏舊恨難消，唆使武則天將武元慶哥倆流放到邊遠地區任職，致使他們死於貶所。

武元慶、武元爽儘管已經死了，但他們的兒子武惟良、武懷運不是還活著嗎？不行，斬草還要除根！

對武元慶、武元爽的死，楊氏尚不感到滿足，要求武則天繼續整殘整死武惟良、武懷運哥倆。要說，楊氏的確是心胸狹隘、睚眥必報，但武則天的胸懷也沒寬廣到哪兒去，要不，怎麼是親生母女呢？

這楊氏有她不能容忍的敵人，武則天也有，並且比楊氏多得多。

對於楊氏，凡是對她有過輕慢舉止的人，都可視為她的敵人。而武則天，凡是影響到她「事業」發展的人，都可視為她的敵人，不管是同胞姐妹還是親生骨肉，都格殺勿論，必欲先除而後快。

從這一點便知武則天是一個非常之人，可做非常之事。

對於母親的要求，她滿口應承。

因為，這個時候，她正想除掉自己的一個敵人。

她已經想好了，在除掉這個敵人的同時，也捎帶著將母親的敵人一併清除。

說起來，她的敵人也不是外人，是她的親姐姐韓國夫人的女兒賀蘭氏，亦即武則天的外甥女。

咦？她的親外甥女怎麼就成了她的敵人了呢？

原來，這個外甥女也在十六歲那年被選入了宮中，成了唐高宗所恩寵的一名妃子。

為了除掉賀蘭氏和武惟良、武懷運，武則天用了一條一箭雙雕的毒計。

武則天趁高宗不在現場，命人給賀蘭氏投毒，然後嫁禍於武惟良、武懷運兄弟。

瞧，就是這樣一條拙劣無比、漏洞百出的計策，竟然被她得逞了。

賀蘭氏被毒死了，武惟良、武懷運也被蒙在鼓裡的高宗下令處死了。

但武則天並不準備收手。

武則天的人生準則是：要嘛不做，做必做絕。

不錯，武惟良、武懷運是死了，但他們不是還有兄弟、子女、子侄還活著嗎？不行，清除，必須全部清除。

武則天又買通了心腹官員指證武惟良、武懷運的家屬謀反，將這些家屬一股腦兒流放到嶺南，勒令他們改姓蝮氏，絕其屬籍，從此，他們和「武」這個高貴的姓氏再也沒有半毛錢關係。

這，就相當於絕了武士彠的後嗣。

大概武則天也覺得自己做得太絕，畢竟，武士彠還是自己的生身父親。於是，天良發現的武則天便下令將自己親姐姐韓國夫人的兒子賀蘭敏之改姓武，充當武士彠的後嗣，襲爵周國公。

咸亨二年（西元671年），楊氏壽終正寢。武則天為得孝悌美名，從宮中拿出了許多錢物，讓賀蘭敏之造佛像替楊氏追福。可賀蘭敏之根本不把這事放在心上，而將錢物全部揮霍一空。

這事兒，差點沒把武則天氣死。

司衛少卿楊思儉的女兒有美色，高宗和武則天已經將她指定為太子妃，可是，太子妃還沒過門，賀蘭敏之就帶領家丁公然闖入楊府大行強姦之事。

這真是無法無天了！

這還不算，武則天的親生女兒太平公主年紀幼小，曾到外祖母家串門，同樣遭到賀蘭敏之的猥褻。

武則天忍無可忍，將他流放嶺南。

賀蘭敏之一介嬌生慣養的公子哥，流放途中，不勝跋涉之苦，用馬鞭上吊，死了。

賀蘭敏之一死，武士彠又絕後了。

武則天隨意屠殺官員，還給他們起外號

武則天是一個非常歹毒的女皇帝。

當初，為了做上皇后，不惜親手捏死自己的親生女兒，堪稱狠人、毒人、強人。

她當上皇帝後，在任用官員問題上，創造了一項紀錄：換人最多、最快。

史書上稱其「任事率性，好惡無定，終其臨朝之日，計曾任宰相七十三人」，光宰相就走馬燈一樣輪換用了七十三位。

宰相是如此，其他官職就更加不值錢了。

武則天為了加快官員的更新速度，下令官員必須定期舉薦「人才」，有時還特別指定某些大臣定期舉薦「人才」。而這些代薦「人才」的門檻也很低，說凡是「長才廣度，沉跡下僚」者，或「英謀冠代，雄略過人」者，一定大加重用，即便這些人隱跡市井、托身鄉閭，行為有違流俗，也不會嫌棄。舉薦的對象不論門第高下、貧富貴賤；不限部落族屬、離京遠近；甚至「逆人」族屬，「能公勤清白者，自當隨才擢用，不以為瑕」。

史上又稱：「則天欲以祿位收天下人心，始置試官（試用之官）。天授三年一月一日，則天引見存撫使所舉之人，不問賢與不肖，悉加錄用，高者試鳳閣舍人、給事中，次試員外郎、侍御史、補闕、拾遺、校書郎等官，試官既多且濫。」

當時流行著一首這樣的打油詩：「補闕連車載，拾遺平斗量，欋推侍御史，碗脫校書郎。」該打油詩翻譯為現代的順口溜，即是：「補闕用連綿不斷的車來運載，拾遺平平常常用斗量，用耙子推攏來的侍御史，校書郎就像碗的毛坯那樣粗濫。」

有一個被薦舉的儒生，名叫沈全交，得了便宜還賣乖，在後面加了一句：「糊心存撫使，眯目聖神皇。」——即「麵漿糊心的存撫使，瞇了眼睛的聖神皇」，將武周朝的滑稽政治描畫得活靈活現。

比較一下，乾封年以前，吏部選人每年不過千人，到了垂拱年以後，每年竟然達到五萬人左右。國家編制不夠用，就別出心裁地創置里行、拾遺、補闕的官職來安排。就當時而論，全國在編文官不過十餘萬人，年選人才高達五萬，這個數目可以說是驚人的。所薦舉上來的「人才」錄取率也很高，幾乎達到了十不汰一的程度。

對於這種不良現象，朝內正直之士無不深感憂心。鸞台侍郎魏元同就上表說朝廷官員「淄澠既混，玉石難分；用舍去就，得失相半」。

獲嘉縣主簿劉知幾也上疏說：陛下臨朝即帝位以來，取士太多，六品以下沒有具體職務、政事清閒的官吏多如土芥沙礫，德行上連鄰居都不肯認同的，忽而就置身朝官；見識上不能舉一反三的，眨眼就加入了行政班子。對於這種幹部隊伍，如果不加以淘汰，恐怕國將不國。現在州郡官吏更換調動太快，忽來忽往，像蓬草和浮萍一樣流轉不定，他們既然懷著得過且過的打算，哪裡還有心思搞奉公守法的政事。又說：海內任官九品以上的人，每年遇到發布赦令，必賜官階勳級，以至朝野宴會、公私聚會時，「緋服眾於青衣，象板多於木笏」。官員們的榮顯並非因品德高尚而獲得，官階很少是因為才能出眾而提升的，分不清什麼是美與醜，什麼是善與惡。

補闕薛謙光則上疏認為：選拔人才的辦法，應該是使朝廷能得到有真才實學的人，錄取和捨棄什麼樣的人，關係到國家的教化。現今選拔人，都贊許自求舉薦，於是奔走門路，相互爭勝，自己大吹大擂而無愧色。至於人才是應該能治理國家的，卻只讓試策文；武官必須能克敵制勝，卻只考彎弓射箭。從前漢武帝讀了司馬相如所作的《子虛賦》，恨不能與他同時，等到得知他是當代人，安置他在朝廷，最終只讓他擔任漢文帝的陵園令，這是知道他不能勝任公卿職務的緣故。吳起將出戰，身邊的人遞給他劍，吳起說：「為將的任務是提戰鼓揮動鼓槌，臨陣解決疑難問題，使用一把劍的任務，不是為將的事情。」如此說來，徒有文才如何足以輔佐時政，善於射箭如何足以克敵制勝！關鍵在於對文官要考察他的品行和能力，對武官要看他的勇氣和謀略，考核當官時政績的好壞，對舉薦人施行賞罰。

武則天聽了他們的勸諫，就矯枉過正，大量罷黜，甚至不惜殺戮，史稱其誅殺「刺史、郎將以下不可勝計」。

以至於到了後來，武則天乾脆給前來應聘的官員起了一個別致的外號：鬼樸。意思是做鬼的材料。

由此，朝廷每新任一官，宮女們就私語：「鬼樸又來矣！」

果然，「不旬月，輒遭掩捕、族誅」。

明明可以靠才華卻偏偏想靠臉吃飯的詩人

唐高宗朝的東台詳正學士宋令文是一個文武雙全的奇人，此人不但擅長文辭，精研書法，還有蓋世神力。文辭、書法、神力三項，為他贏來了「三絕」的美名。史載，京都有頭瘋牛，見人就頂，橫衝直撞，無人能制服。宋令文不信邪，赤手空拳，大步上前，雙手攥緊兩隻牛角，一使勁，竟然將牛的頸脖扭斷！

「三絕」中的神力一項已經是這樣神奇了，文辭、書法兩項，不用多說，你也應該想得到了。

宋令文有三個兒子，長子宋之問以文章升官，次子宋之遜精於書法，三子宋之悌因彪悍知名。也就是說每個兒子繼承了他的一絕。

三子宋之悌有多彪悍呢？小夥子身高八尺，曾任劍南節度使、太原尹。因犯法被流放朱鳶。在朱鳶，有蠻人作亂，摧城拔寨，氣焰囂張。宋之悌自告奮勇，帶了八名壯士直犯賊陣，最後迫得賊兵七百人都伏在地上不敢起身。

次子宋之遜為連州參軍，多才多藝，字寫得漂亮，還能歌善舞，也很吃香。

有讀者可能要問，為什麼不說說長子宋之問的學問有多高呢？

不急，因為他是這篇文章的主角，所以留在最後面介紹。

宋之問二十歲左右，就和「初唐四傑」之一的楊炯分別代行掌管習藝館，後來遷升為尚方監丞、左奉宸內供奉。

一次，武則天遊洛陽龍門，詔令從官賦詩。

左史東方虬率先賦成，武則天讀了，讚不絕口，賞賜錦袍一件。哪料宋之問隨即也賦好了，武則天一看，比東方虬還高明一大截！好，同樣賞賜錦袍！可是，這次出宮，只帶了一件，已經賞賜給東方虬了，怎麼辦？得，東方虬，麻煩您脫下來，轉交給人家宋之問，您也別怨誰，誰叫你詩寫得沒人家宋之問好。

的確，和宋之問相比，東方虬是屬於寂寂無聞一類的小人物。

在唐朝詩壇上能和宋之問比肩的，是沈佺期。

《新唐書》裡說，自從魏曹操等人的「建安風骨」到南朝，詩律、詩風屢次變更，沈約、庾信等人對詩講求音韻、對仗，使詩更加工巧。宋之問、沈佺期又使詩體更加華麗，回避了聲韻上的疵病，規定了字數、句數，使得寫詩如同編織錦繡。學習者崇敬之下，稱之為「沈、宋」，還說「蘇、李居前，沈、宋並肩」。

說是「沈、宋並肩」，但較起真來，宋還是要略勝一籌的。

《全唐詩話》記載了一次沈、宋比拼詩文的故事。

說，某次，唐中宗在長安昆明池遊玩，興致高了，即興作詩一首，並命隨從百官賦詩應和。

這次，充當裁判的是大才女上官婉兒。

中宗讓上官婉兒從上交詩作中選挑一首最好的以供譜曲。

百官依次將自己的作品上交，上官婉兒看一篇扔一篇，說，扔在地下的詩是誰的誰自己撿走，免得污染環境。

大家都紅著臉蹲在地下撿。

瞎亂了好一陣之後，只剩下宋之問和沈佺期還未撿到自己的詩。

冠軍就將在兩個人之中產生，到底會是誰呢？

最後一篇詩被扔到了地上。

宋之問和沈佺期趕緊低頭去看——是沈佺期的！

宋之問的詩就這樣被華麗麗地選中了！

宋之問這首被選中的詩收錄在《全唐詩》第五十三卷；沈佺期的則收錄在第九十七卷。

中宗問上官婉兒這兩首詩是怎麼分出高下的，上官婉兒回答：「二詩功力悉敵，沈詩落句詞氣已竭，宋猶健筆。」

對了，宋之問贏了東方虯的事兒可見於《新唐書》、《唐讀紀事》，而他贏得錦袍的詩叫《龍門應制》，收在《全唐詩》第五十一卷，有興趣的讀者可以去查來讀讀。

宋之問學問這麼好，人品卻不怎麼樣。

七十多歲的武則天穢亂宮中，寵倖張易之、張昌宗等人。

張易之、張昌宗因此又得封官又得晉爵。

宋之問眼熱得不行，忍不住賦詩一首：「明河可望不可親，願得乘槎一問津，更將織女支機石，還訪成都賣蔔人。」

武則天讀了，不置可否，一笑了之。

這可讓宋之問急死了。

宋之問透過另一個大詩人崔融委婉向武則天打聽其本人的真實想法。

武則天的真實想法是什麼呢？

不說是給你面子，說出來，有意思嗎？武則天被崔融問得不耐煩了，說出了真相：「吾非不知之問有才調，但以其有口過。」真相從來都是殘酷的，武則天是嫌棄宋之問「患齒疾、口常臭」！

宋之問慚憤至死！

據說，有大臣跟宋之問說丁香可以治口氣，從此，宋之問嘴裡終日含著丁香。

但已經於事無補了。

宋之問還迂迴獻媚於張易之、張昌宗哥倆。

唐禁書《控鶴監祕記》稱：「之問尤諂事二張，為持溺器，人笑之。」

為能抱上張易之、張昌宗哥倆的大腿，宋之問不惜在鞍前馬後提尿壺，真是斯文掃地。

期間，宋之問還寫了大量奉和應制詩，如「願陪丹鳳輦，率舞白雲衢」、「今朝天子貴，不做叔孫通」等等。

「神龍政變」後，武則天下臺，唐中宗復位，張易之兄弟被誅，宋之問被流放到嶺南，作有諸如《題大庾嶺北驛》、《度大庾嶺》等不世之作。只是嶺南窮山惡水，宋之問實在熬不下去，潛逃回洛陽，躲在張仲之家裡。適值武三思重新掌權，張仲之和王同晈謀劃殺掉武三思，以安定王室。宋之問恩將仇報，告發王同晈、張仲之等人，得武三思擢為修文館直學士。

不過，武三思這棵樹並不能久靠，很快敗亡。

宋之問又轉投太平公主門下，轉眼見安樂公主權勢日盛，又跳槽到安樂公主門下。不久，唐中宗欲提拔宋之問為中書舍人，太平公主大行揭發宋之問的斑斑劣跡。宋之問因此降任汴州長史，尚未出發，又改任越州長史。

唐睿宗即位，宋之問因狡險而且幹的壞事太多，被睿宗下詔流放到欽州，再賜死於桂州。

宋之問被賜死之日，心驚肉跳，左右徘徊，不能自裁。

同被賜死的祖雍看不過眼，罵他：「我與你同有負於國家，罪有應得，還有什麼可遲疑的？」

縱觀宋之問一生，除了口臭外，名聲也算是臭到極點了。

武則天親手殺女案，屬實嗎？

武則天是中國歷史上唯一被史家公認的女皇帝。

對於武則天其人，傳統史書普遍評價極低，暴政、虐民，心狠手辣、毒如蛇蠍，搞得社會動盪，百業凋敝。

但到了近代，開始有人一反常調，為之大唱起讚歌來，稱讚她有膽量、有見識，氣魄宏大，能力超凡，認為她開創出了煌煌盛世。

武則天當政期間，經濟是出現了倒退還是蓬勃大發展呢？

這是有大資料可查的，說「百業凋敝」倒也不至於，稱「開創出了煌煌盛世」絕對是睜著眼睛說瞎話。

不過，把「心狠手辣」、「毒如蛇蠍」和「有膽量」、「有見識」、「氣魄宏大」、「能力超凡」這些詞都用在武則天身上，也並不衝突，並不矛盾。

仔細想想，作為一個推翻了男權統治、以女性身分當國的政治人物，沒有殺伐決斷的狠勁，沒有雷厲風行的手段，能行嗎？

且看，武則天為了登上帝位，大開殺戒，將李唐宗室近支幾乎殺盡，除自己的親生兒子李顯、李旦以外，唐高祖、太宗、高宗的子孫被全部誅除。十四年間的五十八個宰相，被殺被貶各有二十一人，任用酷吏殘害的大臣數百，因引發的兵變、民變、異族入侵而喪生的軍民更是在數十萬之巨！

武則天共生有四子，長子李弘、次子李賢、三子李顯、四子李旦。

長子李弘於顯慶元年（西元656年）被立為皇太子，因不滿武則天將蕭淑妃的兩個女兒幽禁於掖庭牢室，奏請父皇李治放出這兩個姐姐嫁人。

武則天惱怒他胳膊肘往外拐，下毒將他送上了西天。

次子李賢繼立為皇太子，同樣忤逆武則天被廢為庶人，流放巴州。文明元年（西元684

年），武則天廢帝主政，遣酷吏丘神勣赴巴州校檢李賢居所，逼令李賢自盡。

後面的李顯、李旦哥倆雖然未死於武則天之手，卻也被叱如豬狗。

李顯在二哥李賢被廢後，被立為皇太子，弘道元年（西元683年）十二月即皇帝位，但到了嗣聖元年（西元684年）二月，繼皇帝位才五十五天，便被廢為廬陵王，斥至均州（今湖北丹江口市）、房州（今湖北房縣）等地。

李顯下臺，他的弟弟李旦登位。

但李旦只是武則天登帝位的踏腳石。

武則天先讓他做傀儡皇帝，然後脅迫他上表遜位，從而理直氣壯地登上皇帝寶座。

武則天當政的日子裡，李顯和李旦哥倆惶惶不可終日。

李顯尤其慘，床頭邊時刻準備有一幅長綾，每當聽說武則天派使臣前來，就有自殺的衝動。

觀以上史實，讓人恐懼、髮指。

武則天的殘暴和毫無人性，是毋庸置疑的。

但是，來源於《舊唐書》裡的一則記載卻讓後人爭論不止。

該記載在《則天本紀》中的一段，原文為：「武后奪嫡之謀也，振喉絕繈褓之兒，菹醢碎椒塗之骨，其不道也甚矣，亦奸人妒婦之恆態也。」

單看這則記載，沒頭沒腦。

不妨看《資治通鑑》卷一百九十九對事件的完整還原：「後寵雖衰，然上未有意廢也。會昭儀生女，後憐而弄之，後出，昭儀潛扼殺之，覆之以被。上至，昭儀陽歡笑，發被觀之，女已死矣，即驚啼。問左右，左右皆曰：『皇后適來此。』上大怒曰：『后殺吾女。』昭儀因泣數其罪。後無以自明，上由是有廢立之志。」

該事件觸目驚心，其說的是：武昭儀（武則天）入宮後，唐高宗對皇后的寵愛明顯衰減，但還沒有要廢黜她的意思。恰逢武昭儀生下一女兒，皇后憐愛而撫弄了一會兒，走了。等皇后走了，武昭儀偷偷將女兒扼殺於繈褓中，用錦被蓋好。唐高宗來看望女兒，武昭儀面帶歡笑，揭開錦被，假裝剛發現女兒已死，喝問左右，剛才誰來過？左右答：「皇后適來此。」唐高宗勃然大怒說：「后殺吾女。」武昭儀趁機泣數皇后之罪。皇后百口莫辯，無以自明。唐高宗於是有了廢立之志。

武則天的人生比較曲折，也比較變態。

她原本是唐太宗的才人，卻和名義上的「兒子」唐高宗勾搭成奸。唐太宗駕崩後，武則天被發往感業寺為尼。即位後的唐高宗不顧天下人非議，大大方方地把武則天弄回宮中，封為昭儀。武則天的權力慾極強，先除蕭淑妃，後除王皇后，後來還當上了皇帝。

不難看出，武則天殺親生女以除掉王皇后，乃是她人生軌跡中最關鍵的一環。

後世之所以爭論，是說唐高宗在與大臣討論廢后之時，並未提起王皇后殺小公主之事，這說明，唐高宗並不認為王皇后是凶手；另外，才子駱賓王痛撻武則天的《討武氏檄》也沒提及武則天親手殺女之事，這也說明武則天並沒有殺女。

即小公主應該是患病死亡，與任何人無關。

還有，《舊唐書》的記載，只是用一段非正式的「史臣曰」來補充；最重要的是，所謂虎毒不食子，武則天再歹毒，也不會做出親手掐死女兒這種禽獸事來。

要我說，自古宮闈之事，諱莫如深。

《討武氏檄》沒提及武則天親手殺女，原因是駱賓王根本無從得知此事——他可沒有機會讀到《舊唐書》和《資治通鑑》！

而對記錄宮中起居注的史官來說，他們又不是武則天殺女的現場目擊者，只能提出懷疑，不能將之坐實。《舊唐書》的修撰者用「史臣曰」的方式來補充，足顯治史小心、謹慎。

我覺得，唐高宗未提起王皇后殺小公主，恰恰是他已經發現王皇后被冤的疑點——當然，王皇后僅在此處的清白也並不能改變她被黜的命運；《資治通鑑》之所以把武則天殺女之事當成了史實來記載，那是結合了武則天為追求權力，一貫六親不認、殺人如麻的歹毒本性。

「武則天殺女」之事，我寧可信其有，沒法去其疑。

原因明擺著：小公主本來是好端端的。王皇后來了，去了；武則天來了，去了。然後小公主就死了。那些說小公主是自己停止呼吸猝死的，恐怕連自己都說服不了自己。那麼，與小公主死亡有關的只有兩個人，一個是王皇后，另一個是武則天。誰是真凶？沒有確鑿證據，不好說——唐高宗在群臣面前就沒說，但從殺人動機和殺人狠毒手段來說，武則天的嫌疑極大。

黑色幽默政治事件，發明家成也發明，敗也發明

武則天登上了帝位，「疑天下人多圖己」，為消除政敵，專門採用了兩大極端手段——酷吏與銅匭。

其實，武則天的酷吏政治可以追溯至其入主後宮之時。當時，剛剛得冊立為皇后，便對阻止她封后的褚遂良、長孫無忌等人痛下殺手。後又血腥鎮壓了光宅四年的徐敬業以及垂拱四年的琅琊王越王的叛亂。武周代唐，武則天更是放手對反對自己的政敵進行殘酷的撲殺，欲盡誅「李唐宗室諸公及公親中不附己者」。

銅匭是侍御史魚承曄的兒子魚保家設計的。

這個魚保家心靈手巧、頭腦靈活，卻無心讀書，一味熱衷於搞科技製作。他窺探出武則天有鼓勵民間告密以打擊和排斥異己的心思，便向武則天上奏了一份鑄造銅匭的方案，欲透過這一方案走上仕途。

銅匭是一個四面開口的意見箱，內部分為東西南北四格，開口處可以接受表疏，一旦表疏投入，就無法再收回。東面口稱「延恩」，供獻賦求官者投稿；南面口稱「招諫」，供言朝政得失者投稿；西面口稱「伸冤」，供有冤枉案情者投遞；北面口稱「通玄」，供言天象災變及軍事密計者投遞。由正諫大夫、拾遺、補闕各一人管理。

武則天看過魚保家的奏書，連聲稱妙，吩咐工部尚書安排人鑄造。

垂拱二年三月八日，新鑄好的銅匭被設立在宮門旁邊。

武則天安排正諫大夫為知匭使，御使為理匭使，受理天下告密文書。

武則天又詔旨全國各個州縣，向普通民眾介紹銅箱的用法用途，號召天下百姓都來向皇帝進言獻策。

武則天這項措施表面上是為了廣開言路，通達下情，但最主要的是想借此途徑發現和掌握異己分子的活動，以便及時清除。

為了鼓勵百姓告密，武則天規定，凡有欲進京告密者，州縣必須提供驛馬和五品官沿途所應享受的住宿、膳食待遇的供奉，以送其盡速來京，且不得「問詰」所告內容。

武則天還特意強調，要打破貧富界限，即便告密者是農夫或者打柴人，也由自己親自召見，並安排告密者住高級旅館。如果告密者所說的話符合自己的心意，此人將馬上得到破格重用。如果告密者所說的話是虛構的，也不予追究。

告密屬實者，給以封賞；不實者，則免予追究。這，無疑是對投機告密分子最大的鼓勵。於是，告密者蜂擁而至，如潮如海地湧入洛陽城。

魔鬼之門就此打開，每天都有一大批官吏被處斬或罷免，另一大批人因告密有功被提拔升遷。銅匭的發明者魚保家由此極盡殊榮，風光無限。

伴隨著告密制度的興起與完善，一大批一大批的酷吏如同雨後春筍一樣湧現在這個歷史舞臺上。

這些酷吏大都出身無賴，性情殘忍。他們濫用刑罰、羅織罪名，對被告人進行駭人聽聞的摧殘和折磨，極大地破壞了唐朝的法制，使許多正直的大臣慘遭屠戮，被牽連者不可勝數。據記載，當時朝廷上下驚恐戰慄，人人自危，相見莫敢言，道路以目。

在這一特定時期，比較著名的酷吏有：丘神勣、索元禮、侯思止、萬國俊、王弘義、周興、來俊臣、傅遊藝、來子珣、郭霸、吉頊等。

這些酷吏中，最為惡名昭著的有四個人：索元禮、周興、來俊臣、侯思止。

當時的人但凡聽到這四個人的名字，莫不聞風喪膽，震駭莫名。

其中的索元禮，為武則天的男寵之一薛懷義的乾爹，胡人，深目高鼻，滿臉鬍鬚，性情殘忍凶暴，其揣摩到武則天的心意，靠告密起家，被擢為遊擊將軍，受命專審案件。

索元禮最大的本事是能將一個人的罪擴展到數十乃至上百人身上。

武則天非常欣賞，數次親自接見並給予厚賞，一再擴張索元禮的威權。

經薛懷義推薦入宮，索元禮經手的第一樁案子即魚保家的案子。

且說，魚保家一夜走紅，成了朝廷新寵，這讓他的仇家看了很不爽，你魚保家不是個器械製作能手嗎？好，我就告你一把，讓你吃不了兜著走！

因為武則天奉行的是「告密屬實者，給以封賞；不實者，則免予追究」的政策，仇家就本著不告白不告，告了可能有官當的心理，在魚保家所發明的銅匭裡投入了一封表疏，指控魚保家曾為徐敬業設計和製造過許多刀劍弓弩之類的武器，給很多朝廷平叛將士造成了傷亡。

武則天看了這封告密信，二話不說，下令逮捕了魚保家，交由新上任的索元禮審問。

索元禮小人得志，正急不可耐地要向武則天表功，聽說有大案子要審，眉飛色舞、喜不自禁，馬上升堂。

索元禮可是個虐待狂，發明了若干適用於刑訊逼供的酷刑：其一，用橫木限制住犯人的手足，用大繩綁定，然後像絞繩索一樣絞轉四肢，名之曰「鳳凰曬翅」；其二，令犯人雙手捧枷，枷上層層疊磚，名之曰「仙人獻果」；其三，將犯人倒懸梁上，腳上頭下，頭髮上繫上大石頭，名之曰「千鈞一髮」；其四，將戴枷的犯人驅趕到高高的木頭之上，讓人用繩子在下面拉其枷尾，被告如果不招，要嘛被牽引窒息而死，要嘛被拉到地面摔死，名之曰「玉女登梯」；其五，將鐵籠套在犯人頭上，四周揳入木揳，越揳越緊，常常使犯人腦漿迸射，名之曰「天崩地裂」……

魚保家本來抱定了必死的念頭咬緊牙關不肯招供，索元禮一揮手，怪叫了一聲：「來人！取鐵籠子！」

魚保家抬眼看見那頂僅能容納頭顱的鐵籠，以及那一根根上粗下銳的小木揳，登時頭皮發麻，四肢顫抖，立刻招供，不日被當街腰斬。

作為告密銅匭的始作俑者卻終受告密之害，堪稱歷史的黑色幽默。

而那一句「來人！取鐵籠子！」也成了索元禮的口頭禪，每有要案大案要審，只要這一口頭禪出口，犯人莫不嚇得屁滾尿流，立刻招供。此法百試百靈，因此死在索元禮之手的冤魂也就高達數千之多。

拍馬屁拍得當事人暴怒，遭天下人恥笑

武則天朝有一個名叫郭霸的，此人善於阿諛奉承，歷經多年投機鑽營，官至右台御史。

郭霸自稱有「忠鯁」之節，卻是個溜鬚拍馬、吮癰舐痔之徒。

徐敬業起兵反武，郭霸為了拍武則天的馬屁，就在武則天面前破口大罵徐敬業，一副義憤填膺的樣子，大聲吼叫道：「臣願抽其筋，食其肉，飲其血，絕其髓。」一句話中的四個「其」字吼得擲地有聲，因此得了個「四其御史」的綽號。

除了直接給最高領導人戴高帽、表忠心，郭霸也很懂得找機會給國家第二把手拍馬屁。

宰相魏元忠是平定徐敬業叛亂的大功臣，某天病了，臥病在床，大臣們都前往探望。這種事，郭霸當然不能落後，他走在隊伍的最前面，生怕魏大人看不見自己。大家探望完了，告辭出門，郭霸故意磨磨蹭蹭，落在後面。

看看所有客人都走光了，他的臉上堆出一副憂心忡忡的表情，以關心領導病情為由，要魏元忠出示當日所排屎尿，細察病情輕重。郭霸又不是醫生，魏元忠怎肯輕示屎尿？婉言拒絕。郭霸卻不由分說，逕自從魏元忠床下取出尿盆詳加觀察。他先看裡面所盛尿液的顏色，再像狗一樣用鼻子靠近尿盆頻嗅尿液的氣味，既而竟伸出舌頭細品尿液的滋味。魏元忠被他的舉止驚呆了，這人怎麼無恥到這個地步？一直以為勾踐品嘗吳王的糞便只是個傳說，現在看到郭霸這番表演，方知古人誠不我欺！郭霸只顧細細思索口中尿液，沒注意到魏元忠的反應，一副笑逐顏開的樣子，說：「尿味若是甘甜，只怕病不容易好，大人這尿初品為甘味，細品甜中有苦，可見，用不了幾天病就好了！」

郭霸以為，自己這番表現下來一定能得到魏元忠的喜愛和感激。哪知魏元忠為人剛直，眼中不容沙子，看到郭霸的這種醜態，憎惡無比，不但將他轟了出去，還把這件事遍告朋友圈：來來來，大家都來鄙視和恥笑郭霸的卑瑣無恥！

魏元忠的影響力那是非同小可的，他這一張揚、一炒作，郭霸馬上火了，知名度很高，「四其御史」沒人叫了，人們都改叫他為「吃屎御史」。

因為此事，郭霸恨魏元忠入骨。

後來，酷吏來俊臣領銜構陷魏元忠，郭霸就盡其所能地跟著來俊臣鞍前馬後效力，把魏元忠迫害得死去活來。

俗話說：寧開罪君子，莫得罪小人。

郭霸作為一個能夠捨身吮癰舐痔的人，一旦毒害起人來，是窮凶極惡的。

第六章　大亂前後

這一場東西方大戰，影響了世界格局的形成

漢家雄魂，唐家氣魄。

漢唐可謂中國古代歷史上國力最盛的兩個朝代。

曾幾何時，大漢朝喊出了「犯我強漢者，雖遠必誅」的時代強音，鏗鏘震耳，穿越千年，響徹寰宇。

盛唐承襲這一強勁氣魄，更開創出「天可汗時代」！

自南北朝至隋、至唐初，突厥人一直擾邊侵掠，不勝其煩。

隋煬帝一度被其圍困在雁門關，幾成囊中之物；李世民也有突厥人兵逼渭橋，被迫簽訂城下之盟的恥辱。

貞觀四年（西元630年），軍神李靖僅以三千之眾，便打得突厥主力土崩瓦解。後更與另一位初唐名將李勣雙劍合璧，一舉將東突厥徹底消滅。

東突厥汗國從此納入大唐版圖。

唐朝以投降的突厥軍隊開始經營西域。

大唐刀鋒所及，伊吾（哈密）、鄯善等國望風而降。

西域諸國中的高昌國，自恃拳頭硬，不聽話。

好，貞觀十四年，大唐騎兵風馳電掣，一如吹燈撥蠟一樣滅了高昌國，建立了西州和安西都護府。

像高昌國這樣夠膽向唐朝亮肌肉的西域小國林林總總有二十多個，包括焉耆、龜茲、疏勒、于闐等。

唐朝騎兵來回蕩決，一口氣把這些小國滅得乾乾淨淨，建立了以安西四鎮為核心的西域統治體系。

大唐帝國在馬不停蹄地整治和管理西域時，有兩個強國正悄然崛起。

一個是青藏高原上有史以來最強大的帝國——吐蕃；另一個是中東崛起的阿拉伯。這兩個國家同唐帝國成了這段時期西域歷史的主角。

吐蕃先出手與唐朝爭奪西域的話事權。

唐高宗咸亨元年（西元670年），吐蕃對安西都護府發動了第一次攻擊，拉開了四鎮爭奪戰的序幕。

雙方反復拉鋸，四鎮數度易手。

武周長壽元年（西元692年），唐武威軍總管王孝傑與武衛大將軍阿史那忠節大發神威，一舉擊破吐蕃主力，使之元氣大傷，久久不能恢復，安西四鎮的爭奪戰這才暫時告一個段落。

王孝傑與阿史那忠節這一仗打出了十年和平，這也讓西域在武周篡唐、女主弄政那一段黑暗歲月裡保持了平靜。

阿拉伯帝國加入爭奪西域的時間是開元三年（西元715年），這時候，唐朝當政的是有著遠大志向的唐玄宗李隆基。

唐玄宗頗有太宗皇帝之風，遠不滿足於做一個守成之主，唐朝重新興起了大規模對外用兵。阿拉伯方面，被阿拉伯人稱為「列王之父」的阿卜杜勒・馬利克任命哈查吉・伊本・優素福為掌管東方的最高權力者。而在哈查吉・伊本・優素福的領導下，阿拉伯的疆域向東方獲得了極大的擴張。哈查吉・伊本・優素福還應許他的兩個大將穆罕默德和古太白，誰首先踏上中國的領土，就任命誰做中國的長官。於是古太白征服了塔立甘、舒曼、塔哈斯坦、布哈拉等大片中亞地區；而穆罕默德征服了印度的邊疆地區。

阿拉伯人初次加入戰團，不敢造次，先與吐蕃聯盟，共同立阿了達為王，然後才發兵攻打唐朝屬國拔汗那國。

唐監察御史張孝嵩與安西都護呂休率旁側戎落兵萬餘人，擊敗來犯之敵，奪得中亞重要的屬國拔汗那，威震西域。

開元五年（西元717年），不死心的阿拉伯人繼續與吐蕃人聯合，猛攻唐安西四鎮。

唐朝再次用利刀銳箭狠狠地教訓了他們，使他們哭喊著倉皇宵遁。

不過，阿拉伯人並沒因為這兩次失敗而停下向東的步伐。他們迫逼和引誘唐朝原本在西域的屬國栗特諸國反戈，執著地向中亞進行擴張。

開元六年（西元718年），阿拉伯大將加拉赫統兵北征，於河中北部得勝，但在準備侵入中國領土時，被突厥人包圍，最後透過償付贖金逃命。

開元十一年（西元723年），阿拉伯易將穆斯稜，再次興兵攻打拔汗那。突騎施奉大唐詔迎擊，大破之。

開元十二年（西元724年），阿拉伯人重攻拔汗那，爆發渴水日戰爭。此戰，仍以阿拉伯兵敗告終。則原已叛附阿拉伯的康、石諸國復歸於唐。

從這一年開始，作為唐朝的代言人的突騎施深入粟特國境，遠至康國（今撒馬爾罕）本土，頻頻與阿拉伯人交戰。

經年的征戰終使突騎施走向了敗亡。

而輝耀一時的中唐名將高仙芝就此閃亮登場。

高仙芝為高句麗人，但必須要說明的是，高句麗是隋唐前生活在我國東北地區的民族，有別於朝鮮半島南端的高麗的民族。

高仙芝是天生名將，不僅善騎射，驍勇果敢，而且韜略兵法，無師自通。

吐蕃占領了原屬唐朝的即小勃律（在今喀什米爾西北部，都城孽多城，今吉爾吉特），唐朝三次出兵不捷。天寶六年（西元747年），高仙芝為行營節度使，率軍出擊，翻越雄偉的蔥嶺（即今天的帕米爾，帕米爾為塔吉克語中「世界屋脊」之意）高原，俘獲小勃律王，大振唐軍聲威，招降了拂菻、大食諸胡七十二國。

高仙芝遠途奔襲的能力超乎想像，即使今人亦難望其項背。

英國探險家斯坦因曾指出：「中國這位勇敢的將軍，行軍所經，驚險困難，比起歐洲名將，從漢尼拔到拿破崙，到蘇沃洛夫，他們之越阿爾卑斯山，真不知超過若干倍。」

在這次勝利之後，高仙芝被提拔為安西節度使。

天寶八年（西元749年）十一月，吐火羅（在今阿富汗北部）葉護失里伽羅上表唐廷說，臨近小勃律的朅師（帕米爾諸小國之一，在今巴基斯坦北部奇特拉爾）王親附吐蕃，此王切斷了小勃律與喀什米爾之間的交通，請求唐朝調發安西兵一同擊破朅師國。

時為安西四鎮節度使的高仙芝奉命出軍，於翌年二月擊破朅師國，俘虜了竭師王勃特沒。

這兩次征戰，使唐朝在對吐蕃的戰爭中取得了全面勝利，唐朝也發展到了頂峰。

高仙芝也為自己贏得了極大的聲譽。

在這兩次遠征中，高仙芝先後採取了出其不意、乘勝追擊、假途伐虢、斷橋阻援的策略，拔其要點，速戰速決，將唐軍的傷亡降至最低。在謀略的運用上又環環相扣，一氣呵成，牢牢掌握著戰場的主動權，使敵無機可乘，其山地行軍藝術更達到了出神入化的境界，被吐蕃和阿拉伯人譽為山地之王。

當此之時，唐朝成了塔里木地區、伊黎河流域和伊塞克湖地區的占有人和塔什干的宗主，控制了帕米爾山谷地區，成了吐火羅地區、喀布爾和喀什米爾的保護者。

就在高仙芝忙於對付吐蕃的時候，阿拉伯的國內發生革命，阿拔斯王朝（中國稱之為黑衣大食）建立。

在初步解決了吐蕃方面的問題之後，高仙芝開始採取手段對抗阿拉伯的勢力。

鑑於突騎施敗亡之後，阿拉伯恢復了在中亞的統治地位，高仙芝為了打破阿拉伯的統治，以石國（昭武九姓之一，都城拓折城，在今烏茲別克塔什干）無蕃臣禮節為由，發動了對石國的戰爭，俘獲了石國國王那俱車鼻施。

在從石國回軍的途中，高仙芝又突襲了突騎施，俘虜了移撥可汗。

其實，這場戰爭的實質是為了打擊阿拉伯在中亞的勢力，恢復唐朝在河中地區的統治權。

為了對抗高仙芝的進攻活動，阿拉伯聯合河中所有屬國準備進行反擊。

高仙芝得到這個情報之後，於天寶十年（西元751年）四月，從安西出發，準備先發制人。在翻過蔥嶺、越過沙漠，經過了三個月的長途跋涉之後，高仙芝在七月到達了阿拉伯人控制下的怛羅斯，並且開始圍攻怛羅斯城（今哈薩克的江布林城附近）。

今天許多歷史研究者和軍事家在研究這一段歷史時，大為困惑，即高仙芝的數萬軍隊是如何在長達兩個月的時間內面臨高原缺氧且幾乎沒有補給的情況下翻越帕米爾高原的？而這樣一支理應疲憊不堪的軍團還能在到達目的地後，與擁有地利人和、數量數倍於己的阿拉伯軍隊作戰，絕對是人類戰爭史上的奇蹟。

據阿拉伯史書《創世與歷史》記載，阿拉伯人在接到高仙芝進攻的消息之後，駐巴斯拉的東方總督阿布·穆斯林立即下達命令，部將塞義德·本·侯梅德帶不下數千人的部隊搶先駐守怛羅斯城中，加強防守，為大軍集結贏得時間。阿布·穆斯林帶著自己的一萬人趕往撒馬爾罕構築工事準備大戰，齊亞德和另一將領阿布·達烏德·哈立德·本·伊卜拉欣·祖赫利召集河中的駐屯軍一萬人迅速趕往怛羅斯城。

高仙芝抵達怛羅斯城下，靠著步兵的強弓硬弩，發起瘋狂的進攻。戰鬥的前四天，中國騎兵完全壓制了阿拉伯騎兵。

但是，第五天，阿拉伯援軍趕到，從背後襲擊唐軍，雙方在怛羅斯河兩岸展開了決戰。

葛邏祿部見勢不妙突然叛變，唐軍陣腳頓時大亂。

阿拉伯聯軍趁機出動重騎兵突擊唐軍陣營的中心，連日征戰的唐軍在內外夾擊下再也支撐不住，終於潰敗。

兩萬人的安西精銳部隊，只剩下數千人逃出生天。

在收攏殘兵之後，驍勇的高仙芝並不甘心，依然想進行一次反擊，但是在副將李嗣業的勸說之下終於放棄。

應該說，在這場戰役中，阿拉伯人也遭受了重創，畢竟，唐軍已敗退，他們卻無力發起追擊。唐朝安西都護府的銳兵勁卒雖損失殆盡，但僅僅過了兩年，勢頭復起，升任安西節度使的封常清大破吐蕃控制的大勃律（今喀什米爾西北的巴提斯坦），威風重振。

可惜，漁陽兵起，安史禍亂，唐朝國力大損，被迫放棄了在中亞與阿拉伯的爭奪。

西方學者勒內・格魯塞說，如果不是唐帝國內部的那場內亂，也許不過幾年，他們就會從阿拉伯人手中奪回他們的霸權。但是，隨後爆發的安史之亂卻使唐軍永遠地失去了這個機會，也正是這場來自帝國內部的持續八年的內戰，幾乎耗盡了這個強盛帝國的所有財富。從廢墟中重建的那個帝國已不再是曾經的天可汗帝國，西元792年吐蕃人攻克了帝國在塔里木盆地的最後一個據點，漢人的軍隊在清以前的近八百年裡再也沒有踏上這片土地。

此將用兵如神，如若不死，無安史之亂

提起唐朝名將，人們首先會想起的是李靖、李勣、薛仁貴、郭子儀、李光弼這幾位。

但是，唐玄宗朝有一位名將，文武雙全、智勇兼備，帥才將略絕不在以上幾位之下。之所以名氣不揚，主要是其生長於承平之年，而本人又忠厚低調，悲天憫人，心懷蒼生，不忍建功而輕動兵刀。

他，就是曾手掌河西、隴右、朔方、河東四鎮節度使大印的中唐名將王忠嗣。

古今名將，似乎都是為戰爭而生的，在戰爭中體現自身價值，在戰爭中燃燒自我，在戰爭中昇華生命的意義。

但王忠嗣似乎是個例外。

王忠嗣的人生目的，不是為戰爭而生，而是為消滅戰爭而生，為和平而生。

這樣的將軍，應該冠之以「偉大」二字。

李光弼、哥舒翰等人都是王忠嗣一手提拔起來的名將。

某次，李光弼試探性地問王忠嗣，公何不學習衛青、霍去病出塞開邊，建不世之功業？

王忠嗣淡然一笑，說：「國家昇平之時，為將者在撫其眾而已！吾不欲疲中國之力，以徼功名耳！」

說到這，有人以為王忠嗣非不屑為，乃不能為也。

其實不然。

我們來簡單看看王忠嗣的作戰能力吧。

先說個人武力。

說起個人武力，大家讚譽最多的是漢末三國的將領，似乎遍地都是個人武力奇高的猛將，除了赫赫有名的飛將呂布之外，還有蜀漢五大將，關羽、張飛、馬超、黃忠、趙雲；曹魏大將夏侯惇、夏侯淵、許褚、典韋、張郃；東吳孫策、太史慈、甘寧、周泰；等等。如果拿王忠嗣跟這些人比，王忠嗣大概會列在哪個位置呢？

撇開小說演義不提，單以正史中記載這些人在單場打鬥中親手斃敵人數論，姜維算比較厲害的。

姜維單人殺人紀錄最高的一次，是假降鍾會後，煽動鍾會謀反，事泄，與敵拼死一鬥，《三國志・鍾會傳》記載：「姜維率會左右戰，手殺五六人，眾既格斬維，爭赴殺會。」

姜維仗劍迎敵，親手殺了五六個人，可謂厲害。

這方面，典韋堪可比肩姜維。

宛城之戰，典韋為保曹操脫險，力戰而死。《三國志・典韋傳》記載：「韋雙挾兩賊擊殺之，餘賊不敢前。韋復前突賊，殺數人，創重發，瞋目大罵而死。」

典韋在危難之中，殺了數人，也同樣厲害。

但姜、典二人與東吳大將凌統比起來，又遜色了不少。

合肥之戰，凌統為了保護孫權，力戰殺敵，《三國志・凌統傳》記載：「統復還戰，左右盡死，身亦被創，所殺數十人，度權已免，乃還。」

凌統的手下全部戰死，他自己身上掛彩，卻殺了數十人，讓人驚駭。

曹魏五子良將之一的張遼也是個極狠角色，在其代表戰——威震逍遙津之戰中，《三國志・張遼傳》記載：「遼被甲持戟，先登陷陳，殺數十人，斬二將，大呼自名，衝壘入，至權麾下。」同樣有手殺數十人的紀錄。

但凌統和張遼還是沒完成傳說中的「百人斬」。

統觀整部《三國志》，能完成「百人斬」的人是吳將丁奉。

魏國大將文欽投吳國，孫峻和丁奉負責接洽，眼看敵軍咬尾緊追，《三國志・丁奉傳》記載：「奉跨馬持矛，突入其陳中，斬首數百，獲其軍器。」

丁奉單人闖陣，斬殺數百人！

當然，最有名的，還是常山趙子龍在長阪坡救主的一戰。但該戰《三國志》並未記其殺敵數，所以沒法比較。

說回到王忠嗣這邊，《新唐書》記，王忠嗣跟隨河西節度使杜希望討伐吐蕃，「吐蕃大出，欲取當新城，晨壓官軍陣，眾不敵，舉軍皆恐。忠嗣單馬進，左右馳突，獨殺數百人，賊眾囂相躒，軍翼掩之，虜大敗。」

看，王忠嗣「獨殺數百人」，紀錄與丁奉相當。

也就是說，如若王忠嗣生在三國，絕對可以躋身一流武將行列。

不過，個人之勇不足為懼，萬人之勇方可震天下。這裡說的萬人之勇，是指用兵打仗的軍事才能。

在王忠嗣很小的時候，唐玄宗就把他當作霍去病一樣的人物來看待。

王忠嗣的父親王海賓為豐安軍使，戰死於武階之戰。

那一年，王忠嗣才九歲，作為烈士孤兒，被唐玄宗召見。

王忠嗣入到宮中，見了唐玄宗，伏地號泣。

唐玄宗心生惻然，撫摸著他的小腦袋，愛憐萬分地說：「此去病孤也，須壯而將之。」收之為義子，接到宮中撫養。

王忠嗣在宮中與忠王李亨關係非常好，年齡稍長，雄毅寡言，有武略。

某次，唐玄宗和王忠嗣談論兵法，王忠嗣應對縱橫，皆出意表。

開元十八年，王忠嗣出任兵馬使，隨河西節度使蕭嵩出征，在玉川戰役中以三百輕騎偷襲吐蕃，斬首上千級，俘虜四千餘人，繳獲牛羊上萬頭，吐蕃贊普倉皇逃命。

此戰，堪與霍去病八百騎兵夜襲匈奴之戰媲美，王忠嗣也一戰成名，隨後接替王晊擔任隴右節度使。

初唐邊患除了吐蕃為禍最烈之外，契丹也給唐廷造成不小的麻煩。

唐朝曾經五次北伐契丹，但五次均以失敗告終。

武則天時代，這位鐵腕女皇還曾下令征全國囚犯組成軍隊討伐契丹，但同樣勞而無功。

到了開元年間，契丹已成唐之大患。

開元二十六年，王忠嗣率十萬騎兵北伐契丹，出雁門關，於桑乾河三戰三捷，將奚和契丹的二十萬聯軍打得落花流水，奚、契三十六部全部向唐軍投降，之後幾十年不敢作亂。

王忠嗣威名大震於天下。

天寶初年，突厥餘眾共立判闕特勒之子為烏蘇米施可汗。唐玄宗遣使諭令烏蘇內附，烏蘇不從。

王忠嗣奉旨出征，一路勢如破竹，直抵薩河內山，雷霆猛擊，攻破突厥東部軍事力量，取烏蘇米施可汗首級至長安。

至此，曾經稱雄北方一百餘年的突厥汗國黯然退出歷史的舞臺。

天寶五年（西元746年），唐玄宗命王忠嗣兼任朔方、河東、河西、隴右四節度使。一人佩四鎮之印，擁兵近三十餘萬，掌控萬里邊疆，這在大唐帝國的歷史上絕無僅有。

也在這一年，王忠嗣發動了對吐蕃的青海湖會戰，大破吐蕃北線主力，並乘勝追擊，在積石會戰中全殲吐蕃殘部，斬兩吐蕃王子，俘虜了八千名依附吐蕃的吐谷渾軍，迫使吐谷渾降唐。

自此，吐蕃在青海地帶對唐朝由戰略進攻轉為戰略防禦，其對河西地帶的威脅已基本解除。王忠嗣又千里奔馳，擊敗吐蕃、大食聯軍，嚇得大食從此宵遁，不敢再來招惹唐軍。

這一時期，大唐威震八方，四海畏服。

不過，誠如前文所述，王忠嗣憎惡「一將功成萬骨枯」的武將成名之路，畢生主張「以持重安邊為務」。

《新唐書》載，王忠嗣本人隨身常帶著一張重150斤的漆弓，但從不輕易使用。

王忠嗣的軍事思想是「以武止戈」，他的軍事武力更多體現在一種強大的精神震懾之上。這種思想與唐玄宗的想法大相徑庭。

唐玄宗在執政後期，妄自尊大，窮奢極欲，和喜歡窮兵黷武的漢武帝有得一拼，不斷對周邊地區動用武力，一心想征服世界。為此，張說、張九齡等名相相繼被貶，中央已經沒有什麼人敢去稍加遏制唐玄宗那顆自我膨脹的勃勃野心了。

唐玄宗對王忠嗣以靜待動、不喜歡折騰的做法產生了不滿。

古語說：「自古忠賢，工謀於國則拙於身。」

王忠嗣就是這樣一個「謀於國」卻「拙於身」的人，他絲毫沒有覺察到皇帝對自己的不滿，自己身為四鎮節度使，卻參了三鎮節度使安祿山一本，指稱「安祿山必反」。

安祿山在朝內有一個好朋友——臭名昭著的「口蜜腹劍」人物、宰相李林甫！

李林甫與安祿山臭味相投，互有所求。

李林甫看王忠嗣參劾自己哥們，就反咬王忠嗣一口，說王忠嗣是四鎮節度使，造反的可能性比安祿山大。

李林甫詆毀王忠嗣，除了替哥們抱不平外，還有一個原因，即依唐制，地方節度使如果功勳卓著，很可能會入朝為宰相。李林甫可不想看到王忠嗣入長安為宰相。

王忠嗣為證自清，請求辭去二鎮的節度使職位。

唐玄宗含笑批准，並給王忠嗣下了一道命令：攻擊吐蕃的石堡城。

石堡城並非普通意義上的城池，其以懸崖為城，有金湯之固，不付出上萬人生命的代價休想攻得下來。

王忠嗣一口否定，告誡朝廷說，吐蕃傾全國之力守衛石堡城，而石堡城形勢又是如此險固，非死亡數萬士卒不能拔取，不如等待有利時機，再行攻取。
唐玄宗沒對王忠嗣說什麼，而把任務交給了另一位將軍董延光，讓董延光去攻石堡城。
唐玄宗此舉是在對王忠嗣進行變相的警告。
河西兵馬使李光弼希望王忠嗣能做些變通，但王忠嗣卻坦然說道：「我之所以不用幾萬人的生命去換取一座石堡城，是因為取得了也不能控制對方，而這城在吐蕃手裡對我們也不會產生什麼威脅，所以我才不肯出兵。我豈能忍心以幾萬人的性命換取一個官職！」
王忠嗣的話讓人感動，但他也很快因為自己的話遭受到了懲罰。
董延光在進攻中遭遇了慘敗，為了推卸責任，他說是王忠嗣阻撓他的軍事計畫。
李林甫在這個時候又跳了出來，誣衊王忠嗣要謀反。
唐玄宗二話不說，將王忠嗣革職，令人將其帶回長安，交由三司（刑部、御史台、大理寺）審問。
審問的結果是，王忠嗣被判死刑。
時繼任隴右節度使的哥舒翰感念王忠嗣知遇之恩，入朝死保王忠嗣不反。
最終，王忠嗣死罪免去，被貶為太守。
兩年後，王忠嗣在任上暴病而死，年僅四十三歲。
同年，歌舒翰領命攻打石堡城，戰死數萬人才攻克，僅俘獲吐蕃兵四百人，與王忠嗣的預料完全一致。
王忠嗣死後六年，安史之亂爆發，盛唐終結，唐朝從此走上下坡路，直至滅亡。

有史家認為，安史之亂與一代名將王忠嗣的被貶和早亡有著深刻的聯繫。

天寶初年，唐帝國軍鎮兵力布局大致是這樣：

安西、北庭兩鎮共有兵力四萬四千人，相當於唐朝的左臂，舒展到中亞，宣示著盛唐的地位和強大。

范陽、平盧兩鎮共有兵力十二萬八千九百人，相當於唐朝的右臂，拒擋著來自東北方向契丹等的侵擾。

河西、朔方、河東、隴右四鎮共有兵力二十六萬九千七百人，相當於唐朝的腹心，一方面要消除來自吐蕃、突厥、回鶻等的威脅，另一方面要拱衛長安、關中地區的安全。

王忠嗣原擔任四鎮節度使，手下有歌舒翰、李光弼等勁將銳兵，大唐可謂固若金湯。

王忠嗣被貶，平衡被打破，安祿山就有了北邊坐大之勢。

而安史之亂爆發之後，郭子儀、李光弼等人年齡接近，地位相仿，出身相似，互不服對方，即朝廷缺少了王忠嗣這樣能統率各鎮兵將的帥才，極容易陷入各自為戰的局面，仗就打成了爛仗。

設想一下，如果王忠嗣不早死，由其全面主持戰事，安史之亂很可能只是大海上跳躍的幾朵小浪花，瞬間即逝。

可惜，歷史不能假設。

現實就是如此殘酷：盛唐的局面就此一去不返，西域也因此丟失一千多年。

仰天大笑出門去，李白就這麼傲嬌

「安能摧眉折腰事權貴，使我不得開心顏」是大詩人李白在名作《夢遊天姥吟留別》一詩中的結束語，言辭憤慨，擲地有聲，很有性格。

「仰天大笑出門去，我輩豈是蓬蒿人」則是李白另一名作《南陵別兒童入京》的結束語，得意忘形，鏗鏘有力，充滿自信。

把這兩句詩結合在一起，充斥著無限才情和豪氣。

不錯，那個落筆搖五嶽、嘯傲凌王侯，獨領風騷的天才詩人李白就是這麼傲嬌、這麼任性、這麼不受拘束和熱切追求自由。

世間也因此流傳有楊國忠為李白磨墨、高力士為李白捧靴的故事。

而將這故事完整地編寫成小說的明朝人馮夢龍，在《警世通言》第九卷的《李謫仙醉草嚇蠻書》中淋漓酣暢地敘述了李白捉弄權勢小人的全過程。

這個故事的由來是有根據的。

晚唐文人李浚在筆記《松窗雜錄》中有記：開元年間，宮中的牡丹花開了，唐玄宗詔特選梨園弟子奏樂賞花，並讓翰林供奉李白寫清平調三章助興。李白醉酒狂妄，讓高力士為自己脫靴，從此「高力士終以脫烏皮六縫（靴）為深恥」。

另一同時代人段成式在志怪小說《酉陽雜俎》中記：「李白名播海內。玄宗於便殿召見。神氣高朗，軒軒然若霞舉。上不覺忘萬乘之尊。因命納履。白遂展足與高力士曰：去靴。力士失勢，遽為脫之。及出，上指白謂力士曰：此人固窮相。」

這兩則故事寫得生動傳神，高力士為李白脫靴、捧靴之說隨後就被寫入正史、搬上舞臺，膾炙人口。

《唐才子傳》在高力士為李白脫靴、捧靴故事的基礎上，又講述了另一個更生動的故事：李白在華陰縣醉酒騎驢，誤衝撞了華陰縣長官。縣令大為生氣，問：什麼人啊？這樣橫衝直撞。李白趾高氣揚地回答說：「曾令龍巾拭吐，御手調羹，貴妃捧硯，力士脫靴。天子門前，尚容走馬，華陰縣裡，不得騎驢？」縣令一聽對方來頭這麼大，趕緊行禮道歉。李白哈哈大笑，揚長而去。

李白要高力士為自己脫靴、捧靴事，真的就是史實嗎？

明人鍾泰華在《文苑四史》表示，脫靴故事「恐出自稗官小說」，不可信。

清人王琦在《李太白文集跋》中也說：「後人深快其事（指高力士脫靴），而多為溢美之言以稱之。然核其事，太白亦安能如論者之期許哉。」

的確，李白當時不過是翰林待詔，是個弄臣，僅供皇帝消遣，哪能讓高力士為自己脫靴呢？

李白曾寫過一篇《為趙宣城與楊右相書》，文中盛拍楊貴妃堂兄楊國忠的馬屁，把楊國忠比喻為舜帝的賢臣夔與龍、東晉王朝的擎天柱謝安，稱楊國忠是「入夔龍之室，持造化之權。安石高枕，蒼生是仰」。

也就是說，李白寫「安能摧眉折腰事權貴，使我不得開心顏」，其實那都是氣話，是屢屢鑽營失敗後的氣話、昏話、胡話。其實，他一輩子都在摧眉折腰事權貴，希冀獲得權貴們的青睞和提攜。

你看，寫於天寶元年（西元742年）的《南陵別兒童入京》，彼年，李白已經四十二歲，得到唐玄宗召他入京的詔書，高興得不得了，立馬回到南陵家中，收拾行裝，與兒女告別，向世界傲嬌地宣布：「仰天大笑出門去，我輩豈是蓬蒿人！」

而這首《南陵別兒童入京》也真實反映出李白入京時間是在天寶初年，而不是李浚《松窗雜錄》所說的「開元年間」，即《松窗雜錄》所記根本不可靠。

李白在《代宋中丞作自薦表》也交代得清清楚楚：「天寶初，五府交辟（推薦），名動京師。上皇聞而悅之，召入掖庭。」入京時間為「天寶初」，明明白白，不容置辯。

志怪小說《酉陽雜俎》載，唐玄宗竟然為李白的風采和氣度所震懾，「不覺忘萬乘之尊」，分明是小說家語，根本不足為憑。

回頭再說說高力士，高力士本人行事端謹，在《全唐文》諸卷中歷歷可考，不但素得時人敬仰，即使是張說、張九齡、李邕等賢相名臣也對之尊重有加。高力士最出彩的表現，就是助唐玄宗平定韋皇后和太平公主之亂，累官至驃騎大將軍。李白有什麼捉弄他的必要？高力士晚年反對權幸宦官李輔國逼迫太上皇西遷，被貶往夜郎。李贄在《史綱評要》贊：「高力士真忠臣也，誰謂閹宦無人。」

這樣的忠臣，不說李白沒有捉弄他的必要，就算李白要捉弄他，也必然遭到唐玄宗的反對。

所以，唐人李肇在《國史補》記：「李白在翰林，多沉飲。玄宗令撰樂辭，醉不可待，以水沃之，白稍能動，索筆一揮十數章，文不加點。後對御，引足令高力士脫靴，上命小閹排出之。」看，李白伸腳到高力士的面前，要高力士脫靴子。唐玄宗生氣了，命令小閹官「排出之」，將他趕出宮去。

《舊唐書・文苑下》則記載為「由是斥去」，將李白斥罵走。也就是說，高力士為李白脫靴之事，根本是子虛烏有。

家族三十餘人被殺，他以含血淚之墨，寫出了天下第二行書

秦人蒙恬發明毛筆、東漢人蔡倫改進紙張，為書畫藝術提供了巨大的發展前景。而經過蔡邕、鍾繇等人的引領，魏晉之後，書法煥發出其獨特的藝術魅力，讓越來越多的人沉醉並投身其中。

到了東晉，一代書聖王羲之橫空出世，其書法作品成了中國書法界的典範和座標。而王羲之的作品之中，又以《蘭亭序》為冠。

《蘭亭序》誕生於東晉穆帝永和九年（西元353年）三月三日。該日，王羲之與謝安等四十一名高潔之士，在山陰（今浙江紹興）蘭亭修禊，舉行了一次別開生面的詩會：置酒觴於清流之上，任其漂流，停在誰的前面，誰就即興賦詩，詩不成則罰酒，所謂「曲水流觴」是也。

詩會結束，謝安將當日大家所賦三十七首詩結集，王羲之乘酒興作序，成千古絕響——《蘭亭序》。

序記蘭亭山水之美和聚會詩酒之歡，含生死無常之慨，卻又清新脫俗，駢句多卻不拘謹呆板，

堪稱絕妙好文，被清人吳楚材、吳調侯錄入《古文觀止》。

不過，《蘭亭序》最大的成就，不在文章文采，而在文字書法。《蘭亭序》寫於醉後酒興勃發之際，行書字體，共二十八行，三百二十四字，章法、結構、筆法巧奪天工，字體瀟灑流暢，氣象萬千。

後人稱此神作是「清風出袖，明月入懷」。

王羲之後來挑戰自我，又寫了幾篇，再達不到如此神韻，只好悻悻放棄，感歎說：「此神助耳，何吾能力致。」

此作因此被歷代書家推為「天下第一行書」。

既是「天下第一行書」，則為高山仰止，無人可以超越，後世再有神作出現，只能冠以「天下第二行書」、「天下第三行書」之名。

那麼，寫出「天下第二行書」的人是誰呢？寫「天下第二行書」作品的背後又有什麼樣的故事呢？

這個人，自然得是書法界的一代宗師顏真卿，但其寫出「天下第二行書」，卻讓許多人感到意外。

書法界宗師，除書聖王羲之之外，還有四位泰斗級的人物：顏真卿、趙孟頫、柳公權、歐陽詢。

不過，這四個人主要以楷書見長，並稱「楷書四大家」。

其中第一位：顏真卿，京兆萬年（今陝西西安）人，楷書雄秀端莊，結字由初唐的瘦長變為方形，用筆渾厚強勁，貌似肥胖，卻有筋骨，有鋒芒，大氣磅礴，極具盛唐氣象。

俗話說，字如其人。

顏真卿秉性正直，篤實純厚，性格剛正，正氣凜然，以義烈聞名於世。

那麼，以楷書奠定書壇巨匠地位的顏真卿是怎麼寫出「天下第二行書」的呢？

這得從安史之亂說起。

話說，玄宗天寶十二年（西元753年），顏真卿被楊國忠排擠，出為平原（今山東德州）太守。

平原郡屬安祿山轄區，顏真卿早覺察到安祿山有謀反的跡象，暗中加高城牆，疏通護城河，招募壯丁，儲備糧草。

天寶十四年（西元755年），安祿山玩起了「清君側」的遊戲，藉口奉密詔討伐楊國忠，在范陽（今北京南）悍然起兵。

彷彿一夜之間，河北大部分郡縣淪陷。

唐玄宗頓足悲歎：「河北二十四個郡，難道就沒有一個忠臣嗎？」

其實，顏真卿早有防範，先保平原城不失，隨後從容舉起義旗，起兵討叛，已被推為義軍首領。

當顏真卿派快馬到長安報告消息時，玄宗破涕為笑，對左右說：「是我不知顏真卿其人，竟能做出這樣出色的事！」

顏真卿的堂兄顏杲卿任常山（今河北正定）太守，與顏真卿志向相同，其一面派第三子顏季明與顏真卿聯繫，一面設計謀殺叛軍將領李欽湊。

顏杲卿的謀殺計畫非常順利，奪取了土門（今河北井陘）要塞的控制權。

但是，顏杲卿長子顏泉明在押俘報長安請援途中，遭到了太原節度使王承業的截留。

請不到援兵，顏杲卿孤城難守，全家被安祿山俘虜。

安祿山凶殘成性，手殺了顏氏家族三十餘人，其中包括被顏真卿派回常山的顏季明。顏杲卿則被押解至洛陽，先鍘斷一足，後凌遲處死。

顏真卿聽到這個消息，悲憤莫名，派顏杲卿長子顏泉明到常山、洛陽尋找顏季明、顏杲卿遺骸。

最終，只找得到顏季明頭部和顏杲卿部分屍骨。

在安葬這些屍骨時，顏真卿老淚縱橫，援筆作文，作《祭侄文稿》（又稱《祭侄季明文稿》）。

全稿計二十五行，共二百三十四字（另有塗抹字三十餘個）。

因為是在極度悲憤的情緒下書寫，字間行氣，隨情變化，不計工拙，無意姿態，內心感情在書寫間自然流露，通篇波瀾起伏，有沉鬱痛楚、低回掩抑處，又有痛徹心扉、聲淚俱下處。且觀其十八行「嗚呼哀哉」字，墨枯情盡，似乎悲痛已至極點，但第十九行至篇末，雷聲再響，風暴重現，悲情噴薄，且看「首櫬」兩字，數番塗改，讓人睜不開眼，天旋地轉，泣血哀慟，一直至末行「嗚呼哀哉尚饗」，令人觸目驚心，撼魂震魄，實為世間悲憤不二的書法神作！

元鮮于樞因此在《書跋》中稱：「唐太師魯公顏真卿書《祭侄季明文稿》，天下第二行書。余家法書第一。」

鮮于樞的評語得到了後來歷代書家的公認。

據說，顏杲卿被施剮刑前，安祿山曾將之綁在天津橋柱上，命令列刑者用刀子割他的肉塞到他的嘴裡，甚至用鉤子割斷他的舌頭，問：「還能罵嗎？」顏杲卿毫不屈服，含混痛罵，至死方休。

顏杲卿，就是這樣一條錚錚鐵漢，罵賊而死。

與兄長相比，顏真卿也毫不遜色。

二十多年後，淮西節度使李希烈叛亂，七十五歲的顏真卿被朝廷派去宣慰李希烈，意在勸導安撫。但李希烈鐵了心要反朝廷，派千餘名手下團團包圍著顏真卿，狺狺狂吠，謾罵朝廷，拔刀恐嚇。顏真卿眉頭皺都不皺，厲聲說：「你們聽說過罵安祿山而死的顏常山沒有？那是我兄長，我將近八十歲了，官做到太師，至死持節，怎麼會屈服於你們的脅迫！」

李希烈臉帶獰笑，暫時將顏真卿拘押，變著法子威脅。

不日，李希烈命人在庭院中挖了一丈見方的坑，揚言說要活埋顏真卿。

顏真卿從容地說：「死生有命，何必多搞這些把戲！」

李希烈的手下在柴薪上澆上油點火，威脅說：「再不投降，就燒死你！」

顏真卿二話不說，起身跳入火中。

最終，李希烈看難以使顏真卿屈服，派人縊殺了他。

紹興三年（西元1133年），宋高宗趙構御賜顏真卿廟額為「忠烈」，尊其為神。

此武舉人曾歷經七朝，為四代帝王保護神

中國古代武舉制度創始於武則天長安二年（西元702年）。該年，武則天「詔天下諸州宣教武藝」，並確定在兵部主持下，每年為天下武士舉行一次考試，考試合格者授予武職。

學者們通常認為，這是我國科舉制度中「武舉」或「武科」的肇始。這之後，武舉考試為大多數封建王朝所承襲，成為封建國家選取武備人才的重要制度。

不過，唐代的武舉制度很不完善，武舉科只是與進士科一樣，屬於平行的選士科目，而且武舉中舉人數也很少，每科只有十數人，受重視程度很低。

唐朝的武舉及第者，罕有留下姓名者。

但郭子儀卻是個例外。

《舊唐書・郭子儀傳》稱「子儀長六尺餘，體貌秀傑，始以武舉高等補左衛長史，累曆諸軍使」。

就因為成績為「武舉高等」，其後來名氣又大得驚人，故很多人喜歡以「武狀元」呼之。

實際上，即使在武舉制度已經相當完善的宋代，正式考試分為解試、省試、殿試三級，也沒有武狀元的叫法——對殿試第一名，人們只稱之為「榜首」。

到了明朝，在相當長的時間裡是沒有殿試的，即只有武舉人，沒有武進士。

到了崇禎四年，大明國勢江河日下，崇禎皇帝為了發掘人才，挽救時局，毅然開設武舉殿試。

從崇禎四年到崇禎十六年共進行了五科，產生了五個歷史上真正的武狀元。

清朝的武舉基本上和文舉相同，都是童試、鄉試、會試、殿試四級，自順治三年開科，到光緒二十四年結束，一共二百零九科，產生了二百零九個狀元。

無論是宋朝的「榜首」還是明清兩朝的三百多個武狀元，都沒有誰的戰功可與郭子儀相比，也沒有誰的人生有郭子儀完美。

郭子儀一生歷經武則天、唐中宗、唐睿宗、唐玄宗、唐肅宗、唐代宗、唐德宗七朝，充當了其中唐玄宗、唐肅宗、唐代宗、唐德宗四朝的保護神、擎天柱。

天寶十四年（西元７５５年），蓄謀已久的范陽節度使安祿山起兵造反，十五萬叛軍席捲而來，很快攻占了東都洛陽。

承平日久、文恬武嬉的朝廷迅速陷入一片驚恐之中。

滄海橫流，顯英雄本色。

郭子儀臨危受命，任朔方（今寧夏靈武西南）節度使，與來勢凶猛的叛軍展開生死搏殺，反復較量。

其間，郭子儀兵行險著，以五百騎兵誘敵深入，在嘉山（今河北定西）斬敵首四萬級，生擒五千人，穩住了局勢。

可惜的是，年老昏聵的唐玄宗放大昏招，嚴逼名將哥舒翰棄潼關迎敵。

結果，潼關失守，長安陷落。

唐玄宗急急勝似喪家之犬，惶惶仿如漏網之魚，哭著喊著遁往四川避難。

大唐王朝風雨交加，帝國大廈搖搖欲墜。

在這種背景下，太子李亨在靈武即位，是為唐肅宗，遙奉唐玄宗為太上皇。

郭子儀率領五萬朔方軍扈駕，「軍聲遂振，興復之勢，民有望焉」。

至德二年（西元757年），郭子儀極力促成向回紇借兵之舉，自己親率唐、回聯軍向叛軍發起反擊。

臨行，郭子儀向唐肅宗立下誓言：「此行如果不能獲勝，臣將以死謝罪。」

果然，郭子儀不負眾望，先後收復長安、洛陽兩京，將叛軍逐至鄴城（今河南安陽）。

唐肅宗萬分感激，親自勞軍灞上，握著郭子儀的手，情深款款地說：「國家再造，卿力也。」

但是，乾元元年（西元758年），當九路節度使奉詔討伐安慶緒時，唐肅宗卻擔心郭子儀功勞太大，以後會尾大不掉，故意不以之為帥，僅指定由宦官魚朝恩擔任觀軍容宣慰處置使，負責協調軍中大員。

這樣的安排是很危險的，已為接下來的失敗埋下了伏筆。

鄴城之戰，曠日持久，各個將領互相觀望，進退失據，最後一個個撤回了本鎮。

魚朝恩將鍋甩給郭子儀，說一切惡果都是郭子儀造成的。

唐肅宗聽信讒言，召郭子儀回朝，改讓李光弼指揮朔方軍。

郭子儀也不分辯，立刻解甲歸去。

上元二年（西元761年），李光弼邙山戰敗，河陽失守，且太原、絳州（今山西新絳）兩地駐軍擅殺主帥，場面失控。

沒奈何，唐肅宗只好重新起用郭子儀，晉封其為汾陽郡王。

這一年，郭子儀已經六十六歲了。

郭子儀到了絳州，迅速平息了軍亂，並接連打了幾個勝仗。

但是，唐肅宗病重，不治身亡。新繼位的唐代宗李豫受宦官程元振的蠱惑，罷免了郭子儀的軍權。

郭子儀這次不再沉默，為證清白，把唐肅宗賞賜給自己的詔書敕命千餘篇全部交給了唐代宗。唐代宗讀之羞慚，下詔解釋說：「朕不德，詒大臣憂，朕甚自愧，自今公毋有疑。」

廣德元年（西元763年），眾叛親離的史朝義自殺，延續七年的安史之亂終於平定。

但是，一波甫平，一波又起。

這一年，僕固懷恩不滿朝廷封賞，暗中約召回紇、吐蕃寇河西，踐涇州，犯奉天、武功。唐代宗見勢不好，匆匆忙忙拜郭子儀為關內副元帥，坐鎮咸陽，自己離京竄往陝州避難。

郭子儀此前因遭罷官，身邊只有老部下數十個騎士，接到詔命，不畏艱難險阻，臨時抓瞎，不斷招攬民兵以擴充，南下路上，大張旗鼓，用疑兵計。

吐蕃人本已攻入了長安，但以為唐軍大部隊來了，倉皇撤去。

這樣，唐代宗得以平安返回皇宮。

唐代宗見到郭子儀，哽咽著聲音說：「我任用你太晚，才到這個地步。」下令賜郭子儀鐵券，並命人將他的畫像懸掛在凌煙閣上。

永泰元年（西元765年），僕固懷恩再次集結起回紇、吐蕃、黨項三十萬人馬進犯長安。

郭子儀單騎去會回紇首領，責以大義，用自己的一腔赤誠勸之退兵。

這就是歷史上最富傳奇色彩的事件——「單騎退回紇」。

此後，郭子儀就以副元帥的身分駐守河中（今山西永濟西），多次擊退吐蕃入寇，忠誠地守衛著大唐帝國。

大曆九年（西元774年）二月，郭子儀入朝，在延英殿拜見唐代宗，語及吐蕃的不斷坐大，自責不已，痛哭流涕，上表「乞骸骨」（退休）。

這時候的唐代宗相當清楚，郭子儀雖然年邁，卻仍是大唐帝國的擎天柱，如何肯允？

大曆十四年（西元779年），唐代宗崩，唐德宗繼位。郭子儀被調回朝廷，進位太尉，仍兼中書令，充任皇陵使，賜號「尚父」，並加食邑至兩千戶。

建中二年（西元781年），郭子儀病重，唐德宗命舒王李誼前往探病。

該年六月十四日，郭子儀去世，享年八十五歲。

唐德宗親往安福門哭送，追贈太師，賜謚號「忠武」，配饗代宗廟廷，陪葬建陵（唐肅宗李亨墓，今陝西禮泉縣）。

按照禮儀制度，郭子儀的墓葬應有一丈八尺的高度，唐德宗特意將墓葬再增高十尺，以彰顯其蓋世功勳。

郭子儀所提拔的部下幕府中，有六十多人後來皆為將相，其八子七婿，皆貴顯於當代。

典故「滿床笏」說的就是郭子儀晚年做壽時，八子七婿皆來祝壽，由於個個都是朝廷裡的高官，帶來的笏板堆滿了床頭。

郭子儀的一生，可謂「富貴壽考」四字俱全，堪稱贏家。

而在郭子儀逝後第二年（建中三年，西元782年），禮儀使顏真卿向唐德宗建議，追封古代名將六十四人，並為他們設廟享奠，「太尉中書令尚父汾陽郡王郭子儀」赫然位列其中。

北宋宣和五年（西元1123年），宋室依照唐代慣例，為古代名將設廟，七十二位名將中亦有郭子儀一席之位。

明朝洪武二十一年（西元1388年），明太祖取古今功臣三十七人配享歷代帝王廟，其中也有郭子儀。

清朝康熙年間，遵循明朝舊例，取古今功臣四十一人配享歷代帝王廟，郭子儀同樣在內。

郭子儀「再造王室，勳高一代」，卻能「天下以其身為安危者殆三十年，功蓋天下而主不疑，位極人臣而眾不嫉，窮奢極欲而人不非之」，真稱得上是奇蹟。

中興猛將屢演一騎當千之壯舉

在《水滸》、《三國》等中國古典小說中，作者每要形容一個將軍的生猛度，最喜歡說的語句是「其有萬夫不當之勇」。

一人敵萬人，當然是不可能的。

但這些小說中，經常出現英雄猛將單騎闖陣，取上將首級如探囊取物的情節。

那麼，問題來了。

一個比較能打的將軍，以他一個人的武力，通常可以應戰多少小兵呢？

為此，日本人曾經搞過一個真人模擬實驗，最後得出的結論是：四至六個。

但實驗終究只是實驗，與真正以性命相搏的戰場還是有很大差距的。

我們知道，一個手持凶器的狂徒，如果已經失去了理智，不懼生死，在街頭行凶，很可能會出現一個人追著一街人砍的場面。

那麼，在古代戰場上，像項羽、關羽一類超級戰神一個人追著數百人甚至上千人砍殺的情形就不足為奇了。

這裡，說一個屢次上演「一騎當千」之壯舉的唐朝戰神。

該戰神就是大唐中期猛將馬璘。

馬璘是岐州扶風（今陝西扶風）人，出身將門，祖父馬正會曾為右威衛將軍，父親馬晟曾為右司御率府兵曹參軍。

馬姓「扶風堂」自東漢以來名將輩出，如馬援、馬融、馬棱、馬日磾、馬超等。

算起來，馬璘也是馬援的後人。

馬璘少年讀史，讀到范曄《後漢書・馬援傳》中馬援放出的豪言「男兒要當死於邊野，以馬革裹屍還葬耳，何能臥床上在兒女子手中邪」，不由得心潮澎湃、熱血沸騰，將書本一丟，拍案而起，大吼道：「豈使吾祖勳業墜於地乎！」遂以「馬革裹屍」為己願，參軍入伍，在安西都護府自效。

天寶十四年（西元755年），馬璘在邊陲積戰功已遷至左金吾衛將軍同正。

這年十一月，安史之亂爆發。

身兼范陽、平盧、河東三鎮節度使的安祿山從范陽（今北京城西南）發兵十五萬，洶湧南下，直撲洛陽、長安。

唐玄宗聞訊，倉皇出逃，遁於成都。

太子李亨逃到朔方，即帝位於靈武，是為唐肅宗。

馬璘統精兵三千，至鳳翔護駕勤王，初戰衛南（今河南滑縣東），以百騎破叛軍五千之眾；再戰河陽（今河南孟州市南），因功任鎮西節度使。

這裡重點說說安史之亂後期洛陽西原會戰中馬璘的驚豔表現。

彼時為寶應元年（西元763年）十月底，唐玄宗、唐肅宗、安祿山、安慶緒、史思明等人已相繼去世，兩大陣營的領袖分別是唐代宗李豫和史朝義。

唐代宗以其子雍王李適為天下兵馬元帥，僕固懷恩為諸軍節度行營副元帥，與諸道節度使軍隊及回紇兵會攻據守在洛陽的史朝義。

史朝義命其部將率兵數萬，於城外立柵充當第一防線，企圖阻擋唐軍。

僕固懷恩則布陣於西原，另派驍騎沿山迂迴至城外史軍柵營的東北側，前後夾擊，一齊發力。

該日，殺聲震地，日月無光。

史朝義擔心城外部眾有失，親率主力十萬出城援救，列陣於昭覺寺。

唐軍輪番向史朝義陣營發起猛烈攻擊，但叛軍陣堅如鐵桶，巋然不動。

神策軍觀容使魚朝恩結弩陣射陣，漫天箭雨，疾如流星，仍未得志。

馬璘看得目眥盡裂，大喝道：「事若不濟，將奈何?!」雙手舞槊，一馬當先，馳入敵陣，左右奮擊，奪賊兩牌。

叛軍看來人猶如天神下凡，心中凜慄，一下子就亂了起來。

馬璘更見精神，左右披靡，人馬辟易。

唐大軍乘勢跟進，大敗叛軍，從而一舉收復東京洛陽及河陽城。

此戰，是唐軍與叛軍之間的最後較量，馬璘率騎衝陣，對勝利起了重要作用。

李光弼因此大贊道：「吾用兵三十年，未見以少擊眾，有雄捷如馬將軍者。」

寶應二年（西元763年）正月，史朝義在絕望中自殺，歷時七年又三個月的安史之亂終於宣告結束。

該年九月，僕固懷恩因見忌而發動叛亂，誘吐蕃入寇。

唐代宗見勢不好，出逃陝州避難。

馬璘時任鎮西節度使，率精騎四千餘人自河西（指河西走廊及湟水流域）前往救急。行至鳳翔，逢蕃軍雲合，圍攻鳳翔。

馬璘身先士卒，奮起猛擊，斬蕃軍數千級，漂血丹渠。

此戰過後，馬璘名聲如日中天。

代宗回京，令馬璘兼御史中丞，不久，又授北庭行營、邠寧節度使、兼御史大夫，旋加檢校工部尚書。

馬璘詞氣慷慨，以破虜為己任。

在邊關任上，馬璘分建營堡，繕完戰守之具，頻破蕃兵。
大曆九年（西元774年）五月，馬璘入朝任尚書左僕射，再進封扶風郡王。
大曆十年（西元775年）九月二十一日，吐蕃舉兵攻唐。
馬璘奉命率軍還擊，於百里城大敗敵軍。
大曆十一年（西元776年）十二月十三日，馬璘病逝於軍中，享年五十六歲。朝廷廢朝以示哀悼，並追贈司徒，諡曰「武」。

「薛剛反唐」並非全盤虛構

與《楊家將》、《呼家將》等演義評書相類似，唐朝也有一個將門世家——薛家將。
關於「薛家將」這個群體的刻畫描寫，「說唐系列」中有《薛仁貴征東》、《薛丁山征西》、《樊梨花掛帥》、《薛剛反唐》等。
講真，歷史上真實的「薛家將」，可比「楊家將」、「呼家將」厲害多了。
「薛家將」的代表人物當然是薛仁貴，但薛仁貴也並非毫無來歷之輩，他可是南北朝時期劉宋、北魏名將薛安都的後人。他的曾祖父薛榮、祖父薛衍、父親薛軌，都曾相繼在北魏、北周、隋朝任官。
薛仁貴征戰疆場的「代表作」有：大敗九姓鐵勒，降伏高句麗，擊破突厥，留下「良策息干戈」、「三箭定天山」、「神勇收遼東」、「仁政高句麗」、「愛民象州城」、「脫帽退萬敵」等膾炙人口的故事，稱之為絕世名將絕不過分。

難得的是，薛仁貴的兒子也非尋常之輩，尤其是長子薛訥，曾任幽州太守，長期跟突厥作戰。後率軍大破吐蕃，雪了父親的大非川之恥。

史書對薛訥的評價是「性沉勇寡言，其用兵，臨大敵益壯」。

應該說，薛訥就是《薛丁山征西》中「薛丁山」的人物原型。

這裡，重點講講薛仁貴的第五子薛楚玉。

薛楚玉原本是赫赫有名的范陽、平盧節度使，但遭人陷害，以瀆職之罪被免職。

薛楚玉被免職後，接任范陽、平盧節度使的是張守珪——這個張守珪後來收養了一個養子，名為安祿山。

再說回薛楚玉，薛楚玉有兩個兒子，長子薛嵩、次子薛曨。

薛嵩是個楊志式的人物，即金聖歎所說的「舊家子弟」，「有膂力，善騎射，不知書」，不肯從事生產，生平喜好蹴鞠（踢球）。

眼看著父親被免職，家族走入沒落，薛嵩很不甘心，一門心思想著要重整祖業，再振薛家雄風。

但是，這時的唐明皇整天與楊貴妃膩在一起，朝政已被楊國忠掌控，薛嵩又「不知書」，除了蹴鞠和拎刀子砍人的本事，什麼也不會，怎麼才能讓家族翻身呢？

西元755年，安祿山在范陽起兵造反。

和歷史上著名梟雄桓溫那「不能萬古流芳，就遺臭千古」的心態相同，薛嵩加入了造反洪流，憑著與生俱來的砍人狠勁，在叛軍中異常出彩，很快就被提拔為相州刺史，成了封疆大吏。

不過，隨著郭子儀、李光弼等中興名將的湧現，乾坤倒轉，局勢被一點點扳回，勝利的天平傾向了朝廷。

這種情況下，薛嵩見好就收，舉兵反正，投降了朝廷。

結果，薛嵩搖身變成了朝廷的檢校刑部尚書，領相、衛、洺、邢等州節度使。

安史之亂結束，薛嵩感念朝廷恩義，奉職謹慎，於大曆初年被加封為高平郡王、檢校尚書右僕射等職，官爵遠遠超過了他的父祖，且畫像被奉入凌煙閣中。

顯然，《薛剛反唐》的故事就脫胎於薛嵩的經歷。

特別值得說明的是，薛嵩死後，他的兒子薛平歷任平盧軍節度使、河中節度使，出將入相，顯赫一時，年屆八十時病死。

薛平之子薛從，也官任右領軍衛上將軍，統領朝廷禁軍。

可以說，唐王朝是中國古代歷史上對待有造反污點人物最寬容的朝代，薛嵩一族未因曾經參與造反而被滅門，反而興旺發達，喜感滿滿。

而唐王朝的滅亡，也與這一寬容做法不無關係。

篡唐滅李的唐末梟雄朱溫原本跟隨黃巢作亂，在黃巢敗亡前夕改旗易幟，投降了李唐，擁有了與薛嵩相類的待遇，卻不像薛嵩一樣感念朝廷恩義、奉職謹慎，而是變本加厲，反唐、叛唐、篡唐，建立後梁，把歷史的車輪推進了五代十國的大動亂時期。

被遺忘的部隊，孤守絕域半世紀

從漢代開始，西域就是東西方交匯的要道，也是經濟文化十分發達的一個地區，誰控制西域，誰就能壟斷東西方貿易。

為了控制西域，唐貞觀十四年（西元640年）九月，唐太宗派大將侯君集在交河城（今新疆吐魯番西雅爾郭勒）設安西都護府，統轄安西四鎮，用以針對西突厥。

貞觀二十二年（西元648年），安西都護郭孝恪擊敗龜茲國，把安西都護府遷至龜茲（今新疆庫車縣）。

唐高宗顯慶三年，安西都護府升格為大都護府，下轄蒙池、昆陵兩個都護府，並將其附屬小國分別設置州府，管轄範圍西抵波斯。

此後，新崛起的吐蕃和唐朝反復爭奪安西四鎮。吐蕃軍隊曾一度攻陷安西都護府，唐朝也曾兩次放棄安西四鎮，但最終在名將王孝傑的努力下穩定了局勢。

但是，天寶十四年（西元755年），安史之亂爆發。

安祿山、史思明率領東北邊疆叛軍長驅南下，攻陷東、西兩京。唐玄宗倉皇逃出長安，南下四川盆地。玄宗的兒子李亨在靈武繼位，是為唐肅宗，不斷調集西北邊軍勤王平叛。

安西兵長年與周邊的異族勢力爭奪控制權，凶猛彪悍，驍勇善戰，被大批內調。

安西兵的內調對平定安史之亂起了重要的作用，卻大大削弱了唐朝在西域的勢力。

吐蕃乘機大舉進攻河西，到唐代宗廣德元年（西元763年）時，盡陷蘭、廓、河、鄯、洮、岷、秦、成、渭等州，占領了河西、隴右的大部分地區。

在平定安史之亂中，世人皆知郭子儀、李光弼居功至偉。但鐵勒族僕固部的僕固懷恩也功不可沒。

僕固懷恩為人忠勇，在安祿山叛亂之初，他就立刻趕赴靈武肅宗帳前討賊護國，每戰必躍馬爭先，盡力死戰。

非但僕固懷恩本人對唐朝忠心耿耿，其一家上下，莫不如此。安史之亂結束，僕固一家為國捐軀六十四人，滿門忠烈。

僕固懷恩因此升尚書左僕射兼中書令、河北副元帥、朔方節度使、加太子少師銜，實封一千一百戶，賜爵大寧郡王。

不過，受安祿山、史思明的影響，李唐王室不再信任武將，朝內宦官擅權、朋黨爭鬥，僕固懷恩因得罪了宦官被誣告，遭受猜疑，被逼起兵對抗朝廷。

廣德二年（西元764年）八月，僕固懷恩引回鶻、吐蕃十萬兵將直逼長安。

關鍵時刻，河西節度使楊志烈採用圍魏救趙之策，從敦煌、肅州、甘州、涼州調集五千精兵攻打僕固懷恩的駐地靈武，迫使僕固懷恩撤軍回救。

結果，長安雖然得救，然這五千精兵苦戰數日，全軍覆滅。

吐蕃又抓準了時機，重兵進攻河西。

楊志烈無力抵擋，棄守涼州，退避甘州，不久被叛軍殺害。

由於楊志烈主管地區包括河西、北庭與安西，他突然遇難，西北猶如擎天柱崩。

郭子儀入請遣使巡撫河西及置涼、甘、肅、瓜、沙等州長史。

在此背景下，郭子儀的侄子郭昕作為朝廷的西巡使臣派到了安西。

郭昕的身分是西巡使臣，責任是巡視邊關，安撫將士。但是，吐蕃的大舉入侵把他隔絕在了安西。永泰二年（西元766年），吐蕃相繼攻陷甘州、肅州，接替楊志烈出任河西節度使兼河已西副元帥的堂弟楊休明戰死，河西唐軍主力被殲滅，西陲飛地與唐廷直轄本土之間的交通和聯繫完全被切斷。

吐蕃移師東向，不斷向唐廷發動政治攻勢，以和議為誘餌，要求唐廷重新劃分邊界，不戰而取西陲諸飛地。

安西經過兩次分兵，四鎮僅餘萬餘兵馬，與強大的吐蕃大軍相抗衡，可謂步履維艱，險象環生。

大曆七年（西元772年），唐代宗密遣使臣終於抵達安西，和李元忠、郭昕接上了頭，封李元忠為北庭都護、郭昕為安西都護，並慰問了西陲將士。將士們抗蕃守土的決心大增。

建中四年（西元783年），唐朝將領朱泚發動兵變，唐德宗出奔奉天，長安陷落。

吐蕃借機提出以徑、靈等四州以及安西、北庭作為交換條件，派遣援兵助德宗收復長安。

德宗應允了吐蕃的條件，與吐蕃簽署了誓約，並且準備派遣沈房、韓朝彩等人前往西域辦理交割事宜。

不過，吐蕃人所云出兵相助不過是一場陰謀，其在戰爭中觀望不進，反而又乘亂劫掠武功。

興元元年（西元784年）四月，唐德宗以吐蕃沒有履約為由，拒絕將四鎮北庭交給吐蕃，遣太常少卿兼御史中丞沈房為安西、北庭宣慰使，赴安西冊封郭昕為四鎮節度使。

其實就歷代王朝而言，經營西域不外乎內外兩方面的原因。就內部來說，控制了西域既可張揚國威，又保證了絲綢之路貿易的繁榮；就對外來說，控制了西域就可以牽制和削弱北方遊牧民族的勢力，並進而保障河西、隴右的安全，防止南、北兩個方向遊牧民族勢力的匯合。吐蕃攻陷關隴之後，已深入唐朝心腹地區，西域地區也就失去了它原有的戰略意義，西域的存亡對整個唐朝邊防來說已經沒有多少實際的意義，所以西域雖有「奉國之誠」，朝廷卻因「事勢不及相恤」，不得不採取了任其自生自滅的態度。

貞元二年（西元７８６年）六月，吐蕃又攻陷涇、隴、邠、寧四州。

同年年底，吐蕃贊普親臨一線指揮，攻陷了西部重鎮、戰略通道沙州城。

貞元三年（西元７８７年），吐蕃遣使約盟，在平涼埋下伏兵，劫殺唐朝參加談判的官員十餘人。

貞元五年（西元７８９年）吐蕃圍攻北庭，於次年攻陷庭州。

至此，安西成為大唐最後的飛地。

無兵源、糧餉補充，四鎮節度使郭昕還在堅持。

從貞元六年（西元７９０年）到元和三年（西元８０８年）近二十年的時間裡，郭昕全力抗蕃，苦苦支撐。

不過，郭昕艱苦卓絕的堅守並沒能迎來最終的勝利，相反，壞消息一個又一個接踵而來。

貞元十七（西元８０１年）七月，吐蕃陷麟州，刺史郭鋒戰死。

郭鉮是汾陽王郭子儀之孫，郭曜之子，郭昕之侄，貞元中以鴻臚卿調任麟州刺史，殉難於亂軍之中。

貞元十九年（西元803年），大漠重鎮、戰略要地西州（今吐魯番）陷落。

元和三年（西元808年）冬，已是古稀之年的郭昕率領數千和他一樣自廣德初年甚至更早就守衛在安西近半個世紀的殘兵與棄獵松贊親率的十萬虎狼之師展開生死決戰。

戰鬥的結果毫無懸念，安西唐兵全部戰死，武威郡王郭昕壯烈捐軀。

孤懸大漠西部四十二年的安西宣告陷落。

棄獵松贊在打掃戰場時，驚呆了，所有灑血沙場的唐朝士兵，盡皆斑斑白頭！

第七章　盛世轉衰

唐宣宗文治武功直追唐太宗

在很多人的腦海裡，東漢和明朝是宦官弄權比較嚴重的朝代。

畢竟，「十常侍」、劉瑾、魏忠賢這些人太有名了。

當然，在這兩個朝代裡，傑出的宦官也有，比如蔡倫，比如鄭和。

但總體來說，宦官的負面影響巨大。

事實上，這兩個朝代的宦官雖然厲害，卻也無法跟唐朝相比。

唐朝的宦官厲害到什麼程度呢？他們可以定取天子的廢立！

究其原因，是他們手中有兵權，掌管著朝廷的禁軍。

唐朝前期藩鎮權力太多，中央權力弱化，不期然爆發了安史之亂，顯赫一時的大唐王朝差點全面崩盤。

幸好，郭子儀、李光弼等一批死忠敢戰之士力撐乾坤、再挽狂瀾，大唐重興。

唐德宗卻因此得了個後遺症，對在外將領都不放心，把禁軍的兵權都交給了宮中的宦官，讓宦官擔任著禁軍指揮使的職位。

唐德宗認為，宦官不過是皇家裡面的「家奴」，龍池裡的小泥鰍，不可能掀起大風浪！然而，他萬萬沒有想到的是，他的兒孫後來都被宦官整得很慘。

從唐穆宗起，包括穆宗、文宗、武宗、宣宗、懿宗、僖宗、昭宗一共七個皇帝都是宦官所立，只有敬宗是穆宗冊立的。而這七個皇帝裡面，有三個是被宦官迫害致死的。

一句話，宦官弄權，完全達到了「弒君、立君、廢君，形同兒戲」的程度。

當然，宦官能這樣做，並不僅僅是掌握兵權的原因，他們在立君的時候，主要依照了兩條原則：一、立年幼尚未具備自理能力的；二、立看起來癡呆缺乏自理能力的。

這兩條，又以第二條最佳。

第一條，年幼未具備自理能力，等年紀大了，就會對宦官產生威脅了。所以，宦官一旦依照這條「立君」，過不了多少年，就得費周折進行「廢君」，甚至「弒君」，很麻煩。

第二條，基本是一勞永逸，宦官可以與「癡呆皇帝」一起相伴白頭到老。

唐宣宗就是宦官依照第二條原則擁戴上帝位的。

唐宣宗原名叫李怡，母親鄭氏本來是鎮海節度使李錡的侍妾。李錡謀反失敗，李錡的家人被殺的殺、流放的流放，女眷則入宮為奴。鄭氏入宮後，充當郭貴妃的侍女，有幸得到唐憲宗臨幸，生下李怡。

李怡生母的地位是如此卑微，他又只是唐憲宗的第十三個兒子，按照繼位的順序，他是無緣帝位的，也不可能對其他皇子構成威脅。

此外，最要命的是，李怡似乎先天呆頭呆腦。《新唐書》說「宮中或以為不慧」，《資治通鑑》則說「宮中皆以為不慧」。

李怡也因此成了其他皇子嘲笑和捉弄的對象。

即使到了成年，李怡被冊封為光王，其他皇子仍是喜歡把他當傻子取樂。《舊唐書》記：「文宗、武宗幸十六宅（李唐宗室親王的聚居地）宴集，強誘其言，以為戲劇，謂之『光叔』。武宗氣豪，尤不為禮。」

「武宗氣豪，尤不為禮」，這「不為禮」到了什麼程度呢？

韋昭度的《續皇王寶運錄》和令狐澄的《貞陵遺事》記，不知出於什麼心態，唐武宗多次搞惡作劇，想把這個「光叔」整死，以至出現了李怡「常從駕回，而誤墜馬，人不之覺」的奇怪事情。不過，儘管李怡多次「墜馬」，且「人不之覺」，甚至有一次是在大雪天夜裡「墜馬」在荒野郊外，昏倒沉睡了一個晚上，最終還是活了過來。唐武宗後來乾脆讓中常侍四人將李怡抓來，浸在大明宮廁所裡。有個叫仇公武的宦官覺得李怡這個傻子是奇貨可居，留了個心眼，偷偷把他撈了出來，用糞土覆蓋，偷運出宮。李怡從此離開長安，流落民間……後在浙江鹽官（今浙江海寧西南）的安國寺落髮為僧，法名瓊俊。後世大文豪、著名的佛教居士蘇軾有感於李怡這段傳奇人生，還作了首詩：

已將世界等微塵，空裡浮花夢裡身。
豈為龍顏更分別，只應天眼識天人。

會昌六年春，唐武宗病危，不希望大權旁落的宦官仇公武、馬元贄等人把「癡呆和尚」李怡迎回了長安，積極運作，幫他改名為李忱，使之成了唐朝的第十八位天子。

我們有理由相信，當李忱登上帝位那一刻，宦官仇公武、馬元贄等人的內心笑開了花。

但是，很快，他們就笑不出來了。

一夜之間，李忱像變了個人：神色威嚴，從容自信，言談舉止沉著有力，決斷政務有條不紊，毫無半點癡呆的影子！

仇公武、馬元贄既震驚又困惑，原來，這才是李忱的本來面目！原來，這三十六年來他一直在裝瘋賣傻！

的確，李忱明白宮廷是政治鬥爭的漩渦，從很小的年紀開始，就深藏不露，韜光養晦。終於，一朝得志，立刻爆發出巨大的能量。

李忱不但一舉消滅了為患帝國長達半個世紀的「牛李黨爭」，而且極大地遏制了一貫囂張跋扈的藩鎮勢力和宦官勢力。

李忱還整頓了政治，關注民生，恭謹節儉，惠愛民物，使國勢振興、百姓富裕。

對外關係上，唐軍再次雄起，擊敗吐蕃、安定塞北、平定安南，甚至還把淪陷於吐蕃人手裡將近百年的河湟失地全境收復！

河湟失地長期淪陷，曾使許多愛國志士涕淚橫流、悲憤無限。

杜牧在《河湟》中說「旋見衣冠就東市，忽遺弓劍不西巡」，白居易在《西涼伎》說「涼州陷來四十年，河隴侵將七千里」，張喬在《河湟舊卒》說「少年隨將討河湟，頭白時清返故鄉。十萬漢軍零落盡，獨吹邊曲向殘陽」。

河湟收復，人心大振，海內欣然望服，本已衰敗的大唐朝政呈現出「中興」局面。

史家對李忱評價極高，將他比作唐太宗和漢文帝一樣的明君，把這一時期稱為「大中之治」。

事實上，李忱一直把先祖唐太宗當作偶像，努力仿效，以「至亂未嘗不任不肖，至治未嘗不任忠賢」為座右銘。他讓人把《貞觀政要》寫在屏風上，只要有空，就站在屏風前閱讀。他還叫翰林學士令狐綯每天朗讀《金鏡》給他聽，凡是聽到重要的地方，都會讓令狐綯停下來，說「若欲天下太平，當以此言為首要」。更值得稱道之處是，他處理天下事務，明察果斷，用法無私，從諫如流，重惜官賞。百姓因此稱他為「小太宗」，大中時代也被譽為「小貞觀」。《舊唐書》就稱：「當時以大中之政有貞觀之風焉。」

李忱的死亡方式也和唐太宗一樣：追求長生不老，誤服妖人所獻的仙丹（長年藥）中毒離世。

李忱享年五十歲，在位十三年，謚號聖武獻文孝皇帝，廟號宣宗，葬於貞陵。

他以唐太宗為偶像，銳意中興，終被宦官馴服

中國古代歷朝歷代，就數漢、唐最為輝煌。

這兩個朝代很有共同點，開國初年，國力強盛，氣魄雄大，而當由盛轉衰，卻衰落得有氣無力，受盡宦官閹人的愚弄擺布，在病榻上殘喘苟且、奄奄一息，居然延宕上許多年。

史家公認，史上宦官為禍最烈者，就數漢、唐兩朝，其中唐朝尤甚。

唐朝的宦官，辱君、廢君、黜君、弒君，無法無天。國家廢立大事，在他們手中就跟小孩子玩扮家家酒一樣簡單、隨意。

每讀史至此，我們總會想起君臨四海、俯仰八荒的千古一帝——「天可汗」唐太宗李世民，恨他的後世子孫，沒一個扶得上牆。

但話說回來，他的子孫是否個個都是可憐蟲呢？

還有，這些子孫難道就都沒心沒肺，從沒想過振興祖業？

不是的。

主要是制度使然。

唐自安史之亂以後，皇權衰落，藩鎮和宦官勢力空前膨脹，枝強幹弱，實在是無力回天。

話說，李世民的子孫之一唐敬宗李湛是個敗家子、二世祖，十六歲即位後，奢侈荒淫，沉迷擊鞠（馬球），整天和宦官劉克明等一幫人鬥雞逗狗，史稱「視朝月不再三，大臣罕得進見」。朝政為宦官王守澄等人把持，綱紀敗壞，國將不國。

宦官劉克明其實是個假宦官，殘忍殺死了只有十八歲的唐敬宗。

殺了人就要善後，劉克明偽造遺旨，準備迎取唐憲宗之子絳王李悟入宮為帝。

不要忘了，神策軍大權還掌在大宦官頭子王守澄的手裡，擁立大功，豈能讓劉克明占去？

王守澄揮軍入宮，像捏死個螞蟻一樣捏死了劉克明和絳王李悟，改立唐敬宗的弟弟李昂為帝，改年號為「太和」。

年方十八歲的李昂，從此成了大唐王朝的第十四任皇帝（除武則天和唐殤帝外），即唐文宗。

唐文宗和唐敬宗彷彿不是一個爹生的。

唐敬宗喜歡吃喝玩樂，做事沒半點責任感。

唐文宗行有行相、坐有坐相，對自己要求非常嚴格。據史書記載，他做親王時，為人恭儉儒雅，最喜歡看的書就是《貞觀政要》，把老祖宗李世民當成了人生偶像，登基後，處處效仿，勤於政事，「銳意於治，每延英對宰臣，率漏下十一刻」。

曾輔佐唐憲宗成就元和中興的老宰相裴度看了，激動得老淚縱橫，逢人就說：「天下有望太平了，天下有望太平了。」

但是，天下要得太平，唐文宗就必須解決擱在面前的兩道難題：一是宦官專權，二是藩鎮割據。

唐文宗先從身邊做起，著手解決宦官專權問題。

唐文宗是由宦官王守澄擁立為帝的，他並不因此感激王守澄，保持著非常清醒的頭腦，與宰相宋申錫暗中謀劃收拾王守澄。

王守澄有所覺察，隨便捏了個罪名，讓宋申錫適時地停止了呼吸。

想和宦官鬥，很危險。

唐文宗不怕險，吸取了教訓，做得更隱祕。他從下層提拔了鄭注、李訓，分任御史大夫和宰相，將他們培養成心腹，聽取他們的建議，利用宦官間的矛盾，任命王守澄部下仇士良為左神策中尉，掌管一部分禁衛軍，一點點削弱王守澄的軍權。

這次，計畫執行得很好，很成功，最後，迫得手無寸柄的王守澄飲毒酒自盡。

但不用高興得太早，王守澄是被除掉了，但這不又「培養」出了一個新的宦官巨頭仇士良了嗎？

按照計畫，下一步是在下葬王守澄時，埋伏好軍隊，把前來送葬的仇士良一夥一股腦誅殺乾淨。

但是，京城的神策軍只聽仇士良的，皇帝調不動，怎麼辦？

鄭注當時任鳳翔節度使，唐文宗讓他回鳳翔搬兵。

鄭注去了，李訓的心裡不平靜了。

李訓認為，一旦在王守澄葬禮上伏殺仇士良成功，鄭注的功勞就比自己大得多了，以後在朝廷基本沒自己什麼事了。

李訓決定自己幹，先伏殺仇士良，再驅逐鄭注。

可是，李訓有兵嗎？

李訓認為有，他勾結了金吾大將軍韓約，網羅了數百名可以效命的衛士。

為此，李訓向唐文宗進獻了另外一計，得到了唐文宗的認可。

大和九年（西元835年）十一月二十一日，唐文宗在紫宸殿上早朝。

金吾大將軍韓約興沖沖地奏報：「左金吾聽事後石榴夜有甘露，臣遞門奏訖。」

韓約奏報完畢，蹈舞再拜。

李訓率百官稱賀，建議說：「天降祥瑞，又近在宮禁，皇帝宜親往一看。」

唐文宗於是移步至含元殿，命宰相和中書、門下省官先往觀看，一驗真偽。不一會，官員們回報：「臣等與眾人驗之，殆非真甘露，未可遽宣布，恐天下稱賀。」唐文宗憮然作色，說：「豈有是邪！」命宦官神策軍左右護軍中尉仇士良、魚志弘等帶領宦官再去察看。

仇士良等至左金吾仗院時，見韓約面色有異，又發現幕後埋伏了武裝士兵，登時如夢初醒，大呼中計，急急退出。

唐文宗和李訓以為仇士良此乃是有去無回，正暗自欣喜，哪知仇士良突然揮神策軍殺回。唐文宗知計畫落空，趕緊呼金吾衛士上殿保駕。但是來不及了，仇士良指揮神策軍打翻了李訓，抬著唐文宗進入宣政門，將門關閉，然後大開殺戒，殺死了六七百人。李訓、韓約等全被捕殺。鄭注從鳳翔率親兵五百人赴長安，中途被監軍殺死。

是為「甘露之變」。

經過這次大屠殺，朝堂幾乎為之一空。

唐文宗遭到宦官軟禁，朝政完全由宦官控制，史書稱宦官「迫脅天子，下視宰相，陵暴朝士如草芥」。

唐文宗對此一籌莫展，只能借酒消愁，意志消沉。

某日，唐文宗在一次延英召對的間隙，退坐思政殿，有感於懷，悄悄地問當值學士周墀：「你來說說，朕可與前代哪個君主相比？」周墀只揀好聽的說：「陛下堯、舜之主也。」唐文宗乾澀地笑了一聲，說：「朕豈敢比堯、舜！所以問卿者，是想知道和周赧王、漢獻帝相比如何？」周墀嚇了一跳，趕緊跪奏說：「彼亡國之主，豈可比聖德！」唐文宗幽幽地說：「人貴有自知之明，周赧王、漢獻帝不過是受制於強臣，如今朕受制家奴，自不及遠矣！」一句話說完，泣下沾襟。周墀也伏地流涕。也從此日起，唐文宗不復視朝了。

開成四年（西元839年），唐文宗抑鬱成病，立兄長敬宗的幼子陳王李成美為太子。仇士良、魚弘志口中冷笑，偽造遺詔，廢太子為陳王，另立潁王李炎為皇太弟，帶李炎登上朝堂接見百官。

唐文宗無可奈何，唯報以一聲長歎。

開成五年（西元840年）正月初四，唐文宗病死於長安宮中的太和殿，享年三十二歲。

書生夢中聽到兩句詩，寫上科考卷子，被捧為神助句

中國古代正式開科取士始於隋朝，而將科舉制度化的是唐朝。

根據《文獻通考》、《冊府元龜》等書的記載，自唐朝開國之年（即武德元年，西元618年）始，法定年年開考。而縱觀唐朝二百八十九年的歷史，記錄在案的科舉考試共二百六十六次。

唐代的科舉處於早期探索階段，考試的科目繁多，其中的秀才、明經、進士、明法、明字、明算等科為常設科目，故又稱常科。

唐代書生要考狀元，不像宋、明、清諸朝那樣，先經縣、州、府篩選，再經各省篩選，最後才參加國家級考試。唐代一般由地方長官進行訪查考核，將所在地品德、文學都好的士子上報到州，

由本州長官提名推薦到中央，合格者稱為「鄉貢進士」，可直接參加「省試」（名義上由尚書省主持的全國性考試，又稱為「禮部試」，相當於後來的「會試」），錄取人選與各人的名次全由主試官一人確定。

這主試官通常得由文學和品德都富於名望的大官來擔任，是臨時性的，稱為「知貢舉」。

省試的考試項目，主要是詩賦。一篇律賦，一首律詩。賦用八韻，詩限作五言六韻。題目或用古事，或用時事，或用三字四字成語，或用一句五言古詩。應試者可任意取題目中一字為韻，也有由試官指定題目中某一字為韻的，一般都用平聲韻。

唐代科舉考試如此重視詩賦，一方面引發唐代文學興盛，另一方面卻促使士子忽略技藝之鑽研，造成科技發展緩慢。而且，由詩賦挑選出來的士人，往往缺乏行政知識及經驗，造成詩賦日工、吏治日壞的現象。

唐玄宗天寶十年（西元751年）「省試」的知貢舉為李暐，出的試題為《湘靈鼓瑟》，要求考生寫作一首五言律詩。

詩題「湘靈鼓瑟」來自屈原《遠遊》篇中的：「使湘靈鼓瑟兮，令海若舞馮夷」。裡面包含一個淒美的傳說：堯帝的兩個女兒，一個名叫娥皇，一個名叫女英，都嫁給舜帝做妃子。舜帝南巡，死於蒼梧（今梧州），二妃不久也因哀傷而投湘水自盡，變成了湘水女神（即湘靈）。她們常常在月夜彈琴鼓瑟，用瑟音表達自己的哀思。

由於省試詩題目由試官指定，而非詩人自己興發而作，作詩的目的就是博得試官中意，榜上題名，所以詩的思想內容受到了極大限制，難有佳作。

但是，這年卻頗有令人耳目一新的作品出現。

陳季、王邕、莊若訥、魏璀等人的作品都堪稱一流，其中又以陳季的作品最妙，其詩如下：

神女泛瑤瑟，古祠嚴野亭。
楚雲來泱漭，湘水助清泠。
妙指微幽契，繁聲入杳冥。
一彈新月白，數曲暮山青。
調苦荊人怨，時遙帝子靈。
遺音如可賞，試奏為君聽。

「一彈新月白，數曲暮山青」，可稱佳句。

李暐迅速將這些作品列入及第卷中，並將陳季列在前面。

但是，另一首作品的出現，又把陳季壓在了下面。

該首作品是這樣寫的：

善鼓雲和瑟，常聞帝子靈。
馮夷空自舞，楚客不堪聽。
苦調淒金石，清音入杳冥。

蒼梧來怨慕，白芷動芳馨。
流水傳湘浦，悲風過洞庭。
曲終人不見，江上數峰青！

李暐一下子就被詩中所描繪的優美意境給征服了。詩的意境是這樣的：常常聽說湘水之神善於彈奏雲瑟，引得黃河水神馮夷翩翩起舞，楚地人民都不忍聆聽這種哀音。曲調太悲太苦，能使堅硬的金石感到悽楚，並透過窮高極遠的蒼穹傳到蒼梧之野，感動了寄身山間的舜帝之靈，從而使山上的白芷吐出芬芳，與瑟聲交相應和。瑟聲隨著流水和悲風，傳過湘江，吹過洞庭湖，等到曲終聲寂，看不見鼓瑟的人，只看見湘水上的數座青山。

李暐讀到最末一句「曲終人不見，江上數峰青」，忍不住驚呼道：「像這樣高妙空靈的結句，必有神助方能寫得出來啊！」

當時的科舉考卷並不糊名密封，李暐看了考生的名字——錢起，牢牢記在心中，將之置於高第。

錢起登第後，被授予校書郎一職，得到了大詩人王維的欣賞及大力提攜。

李暐稱「曲終人不見，江上數峰青」一句如有「神助」。

實際上，錢起也坦承，自己早年離家鄉吳興（今浙江湖州）出遊，曾旅居京口（今江蘇鎮江）一客店，夜半入夢，隱約聽見有人在窗外吟詩，吟來吟去都是這麼兩句：「曲終人不見，江上數峰青。」一夢醒驚起，到屋外張望，月明風清，悄無一人。這次考試，寫最後兩句，苦無佳句，忽然憶起夜宿京口之夜，福至心靈，就把夢中聽到的那兩句寫上了卷子。

王維稱讚錢起的詩有「高格」，王維死後，錢起便當仁不讓地執掌了詩壇牛耳。

高仲武於大曆末年編《中興間氣集》，卷上第一人即為錢起。

高仲武說：「右丞（即王維）沒後，員外（錢起官為考功員外郎，故稱之為員外）為雄。芟齊宋之浮游，削梁陳之靡嫚。迥然獨立，莫之與群。」

《中興間氣集》卷下第一人是郎士元，時人將其和錢起並列為中唐詩壇二領袖，稱「錢郎」，時有「前有沈宋（即沈佺期和宋之問），後有錢郎」之譽。

另外，人們也喜歡把盧綸、吉中孚、韓翃、耿湋、司空曙、苗發、崔峒、夏侯審、李端等九人和錢起合稱大曆十才子，其中，錢起為「大曆十才子之冠」。

《推背圖》推測的唐朝大禍真相如何，其實才剛剛開始

中國最有名的預言家李淳風和袁天罡在貞觀年間著《推背圖》，裡面有「蕩蕩中原，莫禦八牛，泗水不滌，有血無頭」的讖語，聲稱這是一場大禍患，大唐會衰亡在這場災難上。

「八牛」是指什麼呢？

唐憲宗元和三年（西元808年）的一次科考中，一個姓牛的人露出了頭來。

話說，在東漢魏晉時期，政府實行九品中正制，上品人士自稱為「清流」，則下品的人士就是與之相對的「濁流」了。出身於上品社會的人，都含著金鑰匙，從呱呱墜地那一刻起，就有了做官

的資格；而出身於下品的人，再努力往上也是白搭。一句話，「上品無寒門，下品無世族」。

隋唐實行的是科舉制度，但同時也實行門閥制度（門第制度）。

唐憲宗元和三年（西元808年）是大考之年。

在這次考試中，政府以「賢良方正、能言極諫科」進行選拔。舉子牛僧孺、皇甫湜、李宗閔三人在科考對策中針砭時弊，大談特談官場上的各種貪污腐敗行為，被主考官評為上等，擬報朝廷優先錄用。

可是，出身士族的宰相李吉甫看了這些文章後，非常不爽。他本來就瞧不起科舉出身的官員，現在李宗閔、牛僧孺這些人竟敢在這麼嚴肅的考試中大放厥詞，必須把他們統統趕走，越遠越好。於是就指控牛僧孺、皇甫湜、李宗閔等人跟主考官在考場上有舞弊行為。

唐憲宗相信了他的話，牛僧孺等人果然被逐出了朝廷。

到了唐穆宗長慶元年（西元821年），這一年的科考輪到了牛黨人物主持，一口氣錄取了多名牛黨子弟，其中一個赫然就是李宗閔的親戚！於是有人告發，這也是一樁考場舞弊案。牛黨成員又一次遭到了重大的打擊。

從此，李宗閔、牛僧孺就跟一些科舉出身的官員結成一派，李德裕也跟士族出身的官員結成一派，兩派開始了長達半個世紀的鬥爭，彼此之間黨同伐異，互相攻訐，互相打壓，是為「牛李黨爭」。

關於這場黨爭，史學界至今還在爭論不休。比較一致的看法是：這是一場門閥士族集團與庶族地主集團的派系之爭，以李德裕為首的李黨出自士族，飽讀經學，重禮法；以牛僧孺、李宗閔二人為首的牛黨大多出身低微，一門心思要擺脫傳統禮法制約，這兩個黨系的鬥爭是國家上層階級的內部衝突，它造成的惡果是使國家上層機構陷入了混亂和分裂，加深了唐王朝的政治危機。

有人甚至斷言，「牛李黨爭」就應了貞觀年間李淳風和袁天罡所著《推背圖》裡「蕩蕩中原，莫禦八牛，泅水不滌，有血無頭」的讖語，大唐會衰亡在這場黨爭上。

早在武則天時代，民間也流傳有「首尾三鱗六十年，兩角犢子自狂顛，龍蛇相鬥血成川」之句，牛李黨爭最高潮的時候，李黨成員一口咬定「兩角犢子自狂顛」是指姓牛人亂世。

可是，當人們以為「莫禦八牛」的災難已經過去時，在唐昭宗朝，卻出現了朱溫篡唐事件。

這時，人們才恍然大悟，「兩角犢子自狂顛」原來指的是姓朱之人。蕩蕩中原，誰也駕馭不了的「八牛」不是「牛李黨爭」的「牛」，而是「牛」字下面加個「八」，即「朱」字；「有血無頭」是個「皿」字，「泅水不滌」中的「泅」字在上面，正是個「溫」字，是朱溫滅了大唐啊。

看唐懿宗對女兒的溺愛，有人斷定唐朝崩潰在即

唐懿宗李漼共生有八子八女，不知什麼原因，獨獨偏愛長女同昌公主。

這種偏愛，已經達到了一種極度偏執、極度瘋狂的程度了。

李漼對同昌公主的愛，用一句套話來形容，那就是「含在嘴裡怕化了，捧在手裡怕掉了」，簡直恨不得把天上的月亮摘下來給公主做玩具。

這種溺愛的境界，超出了許多人的想像。

史書上說，同昌公主出嫁的時候，李漼「傾宮中珍玩以為贈送之」，把宮中所有的奇珍異寶都挑選出來打包做了嫁妝。

都有些什麼樣的奇珍異寶呢？《舊唐書》上說，有金麥銀米數斛、辟寒香、辟邪香、瑞麟香、金鳳香、龍腦香、辟塵犀、鷓鴣枕、翡翠匣、神絲繡被、瑟瑟幕、紋布巾、澄水帛、火蠶綿、連珠帳、九玉釵、如意玉等，據說都是唐太宗貞觀年間來自異域的貢品。

關於這些寶貝的神奇之處，史書上沒說，唐人蘇鶚的《杜陽雜編》裡對此卻有詳細的解釋，我們不妨對比著看一看，滿足一下咱們這些凡大俗子的好奇心。

瑟瑟幕：「其幕色如瑟瑟，闊三尺，長一百尺，輕明虛薄，無以為比。向空張之，則疏朗之紋，如碧絲之貫其珠。雖大雨暴降，不能沾濕，雲以蛟人瑞香膏所傅故也。」一整塊幕布長一百尺，卻輕若無物，真空透視，只有在陽光下，才隱約可見其綠色紋路。坐在簾幕裡，風雨不侵，是透明、防雨、超級豪華的古代油布。

紋布綿：「潔白如雪，光軟絕倫，拭水不濡，用之彌年，亦未嘗垢。」這塊奇妙的絲巾潔白有彈性，經久耐用，用水輕輕一漂，不留污漬不留皺痕，還不傷手。

火蠶棉：「絮衣一襲，止用一兩，稍過度，則熇蒸之氣不可奈。」用它做衣服，防寒，保暖；如果該用一兩的料，就不能用一兩二錢，否則，這衣服穿在身上就好像身處洪爐，縱數九寒冬，也酷熱難當。

澄水帛：「帛長八九尺，似布而細，明薄可鑑。雲其中有龍涎，故能消暑也」，「暑氣將甚，公主命取澄水帛以沾之，掛於南軒，滿座皆思挾纊。」該帛似布非布，薄如蟬翼，色亮透明，夏日炎炎的時候將它淋上水掛起，滿座皆覺涼爽，暑氣全消。

……

珍寶有時候不比現錢花起來方便，送足了各種各樣形形色色的寶貝後，李漼還給女兒追加了五百萬緡現錢的彩禮——這五百萬緡是個什麼概念呢？緡，作為貨幣單位，同貫，一緡錢即為一貫錢，即一千文，五百萬緡在當時已經達到了全國一年的總賦稅了！

同昌公主出嫁那天，送陪嫁的宮使隊伍從皇宮一直排到京師的廣化里——李漼特意為女兒量身定做的超豪華愛巢、駙馬府就建在廣化里。

駙馬府由全國一流的設計師和建築師精心打造，門窗都用雜寶裝飾，井欄、藥臼、槽櫃等用金銀製作，就連笊籬、箕筐都是用金縷編織而成；床用水晶、玳瑁、琉璃等製作，床腳的支架雕飾也是金龜銀鹿。

即便如此，李漼還時時念叨著女兒的吃穿花用不能像在皇宮裡一樣，往後的日子裡，忍不住隔三差五派人往駙馬府裡給女兒送各種珍饈玉饌。

有一道叫「靈消炙」的菜，原料是從羊肉中精挑細選出來的，「一羊之肉，取四兩」，要做一盤這樣的菜，大概得宰殺上十頭羊，做成以後可以保鮮很久，「雖經暑毒，終不臭敗」。

還有一道菜叫作「紅虬脯」，不知道是什麼材料做成的，「其諸品味，他人莫能識」。做好以後往盤子裡一放，「縷健如紅絲」，肉絲盤旋環繞，一縷縷向上延伸，高逾一尺，拿筷子輕輕一按，就縮短三四分，筷子移開，立刻就恢復原狀。

……

只可惜，公主是福薄之人，無緣消受這種富貴，婚後一年就死掉了。聽到這個噩耗，李漼登時摧肝裂肺，號啕大哭，連哭了三天三夜。《舊唐書》記「雷霆一怒，朝野震驚，囚九族於狴牢」，「枝蔓盡捕三百餘人，狴牢皆滿」。

李漼大怒，御醫們連同他們的家族三百多人被丟入大牢治罪，弄得大牢裡人滿為患，擁擠不堪。

李漼最喪心病狂的事兒還遠不止於此，他還毫無人性地下令：陪嫁的宮女丫鬟必須全部當作殉葬品陪同公主下葬。

另外，公主的棺槨非常龐大，大得讓人瞠目結舌。

單是抬這個大棺材的人數，說出來準嚇你一跳。

實際上，這抬棺的人數，寫史書的人也沒數得過來，只籠統地說，「賜酒百斛，餅餤四十橐駝，以飼體夫」。單是提供給抬棺的人路上吃的伙食和點心，就得有一百斛酒和由四十頭駱駝馱運的米餅，到底有多少人，自己想去吧。

舉行喪禮那一天，李漼婆娑著老淚為愛女寫了輓歌，並嚴令朝臣無一例外都要作詩賦弔唁。文武百官誠惶誠恐，一個都不少，全來了，當然，都沒空著手，帶來了各色金銀器物和沉痛的弔辭。

陪葬的寶物以及儀仗一字排開，咸通九年（西元868年）刻印的《金剛經》卷子，以及金駱駝、鳳凰、麒麟，還有木料雕刻的殿堂，陶俑做的龍鳳花木、人畜珍獸，等等，「凡服玩，每物皆百二十輿，以錦繡、珠玉為儀衛、明器，輝煥三十餘里。」浩浩蕩蕩，排了三十多里路長。

有人因此湊趣譜寫了一首哀輓公主的《歎百年舞曲》，據說詞曲淒惻，聽者流淚，聞者傷心。唱的時候，有幾百名拖著白色長裙的舞女在後面伴舞，感動得李漼老淚縱橫、泣不成聲，大慰之下，命人搬出了大批大批的珍珠瑪瑙、翡翠寶石賞給舞女做首飾，還在現場鋪了八百多匹綢緞作為地毯，曲終人散後，「珠璣覆地」，地上散落了無數熠熠生輝的珍寶。事後，李漼又將詞曲作者封為威衛將軍，賞賜了他兩個裝滿了珍珠寶石的銀樽。

公主下葬後，陪葬的無數珍寶就被一把火全燒了。這樣一來，引得京城百姓連續一個多月在公主的墳上來回遊蕩，「爭取灰以擇珍寶」，扒灰尋寶。

唐代射雕英雄，因飢餓爭食人肉而喪生

高駢，字千里，幽州（今北京一帶）人，將門出身，是唐末極富傳奇色彩的人物。其祖父高崇文是唐憲宗朝時名將，以戰功封渤海郡王、南平郡王；父親高承簡封密國公，其世代為禁軍將領。

少年高駢在朱叔明手下任侍御時，英氣勃發，雄心萬丈。

某日在行軍途中，聽見半空有大雕嘶叫，抬頭看去，有雌雄雙雕翻騰撲躍，翼掠長空，高駢對身邊的人說：「我若命當富貴，則一箭貫穿雙雕！」說完，搭箭扣弦，等待時機。不一會兒，雙雕身形稍一相疊，說時遲，那時快，高駢釋弦箭發，疾如電光石火，羽箭所至，雙雕落下，眾皆大驚，歡聲震天，喚之「落雕侍御」。

在日後的戎馬生涯中，高駢曾率禁兵萬人戍長武城（今陝西長武西北），屢破黨項部落，功冠諸軍；後升遷為秦州刺史兼經略使，負責防禦吐蕃；不久，改任安南都護、本管經略招討使，在海門（今廣西合浦）治兵，敗南詔，克交趾，招懷溪，收交州，定安南。南征北戰，輾轉千里，屢建奇功，連任了好幾個軍鎮的節度使，並加授司徒、諸道兵馬都統、鹽鐵轉運使等顯官要職，官至同中書門下平章事，集軍、政、財大權於一身，「位冠侯藩之右，名兼卿相之崇」。

除了擊劍任俠、箭術高超和熟諳兵法外，高駢還是個詩人，在唐代這個群星璀璨的詩壇中穩穩占有一席之位，《唐詩紀事》稱他的詩「雅有奇藻」。

位兼將相後的高駢曾不無得意地寫了一首《言懷》，詩中有「三邊猶未靜，何敢便休官」之句。

在名將與詩人的雙重角色中，高駢的詩人氣質似乎更濃厚一些。戎馬倥傯之餘，不免經常與諸幕僚詩酒唱和，放浪形骸。

就因為高駢文才武功名播天下，所以，身邊吸引了一大批一大批的賢才能士。其中最負盛名的是崔致遠。

崔致遠是來大唐進修的新羅（今韓國）留學生，也是高駢最忠誠的「粉絲」，懷著對高駢的無限崇拜之情，成了高駢身邊「研墨洗筆」的小書童。他在高駢的手下混了十幾年後，自認學有所成，於是回國，把在唐生活寫就的詩文整理成二十卷，名為《桂苑筆耕集》。新羅人讀了，舉國若狂，視作寶典經書。

唐末亂世，爆發了黃巢起義。

朝廷一度把高駢倚若長城，先後任命他為鎮海軍節度使、荊南節度使兼鹽鐵轉運使、淮南節度使兼鹽鐵轉運使，又兼任同中書門下平章事的頭銜，位兼將相，希望他能力挽狂瀾，扭轉乾坤。

可是高駢看到黃巢勢力發展迅速，自度力不能制，便坐守揚州（今屬江蘇），保存實力。等到黃巢北渡江、淮，直搗長安時，高駢認為唐政府會很快垮臺，便對政府的連番呼救置之不理，一心一意想兼併兩浙，擴充自己的地盤，為以後與黃巢爭天下打穩基礎。

可是，高駢萬萬沒想到的是，大唐苦熬了幾年後，竟然收復了長安，平定了黃巢。

高駢已與朝廷撕破了臉皮，又不敢背著叛逆之名造反，萬事心灰意冷，就開始放縱起來。

高駢自認年歲已高，這輩子最大的事業也不過如此，只求延年益壽，多活幾年，於是寵信起妖道呂用之、張守一等人來。

呂用之、張守一這些人行走江湖，混吃混喝，看高駢年老昏聵，有利可圖，就乘興而起，托言神仙鬼怪對高駢連嚇帶哄，把高駢收拾得服服貼貼。

呂用之將一柄銅匕首用盒子包裝好，進獻給高駢，胡說這是北帝的佩劍，擁有了它，百里之內任何一種兵器都無法侵犯。本來這是很容易戳穿的一個謊言，隨便找個人來試試就知真假，可高駢信以為真，在銅匕首上「飾以珠玉」，小心翼翼地將它當成神器膜拜起來。

呂用之還常常在高駢跟前煞有介事地作呼風喚雨狀，對空作揖，就說是神仙乘雲經過，這時候，高駢就嚇得趕緊下跪伏拜。

呂用之還哄高駢說：「神仙不難致，但恨學道者不能絕俗累，故不肯降臨耳！」

高駢深信不疑，將之奉為玉旨綸音，主動和自己的姬妾分居，禁慾；同時謝絕人事，所有的賓客、將吏統統不接待。

呂用之因此得以牢牢地掌握了淮南的話事權，獨斷專行，肆無忌憚，境內「公私大小之事皆決於呂用之」，高駢只是一個活死人，要辦事，只有找呂用之。

成了淮南一把手的呂用之非常囂張，為了向世人誇耀自己的暴富，「侍妾百餘人，自奉奢靡，用度不足，輒留三司綱輸其家」，同時，又大張旗鼓地招募死士，建立了一支屬於自己的私家軍，人數達到兩萬多，稱「鏌鎁軍」，「每出入，導從近千人」，欺行霸市，引得高駢舊班子裡的成員怨氣沖天，上下離心。

高駢的部屬中，有一個名叫畢師鐸的左廂都知兵馬使，屯兵在高郵。畢師鐸有一個小妾，豔名遠播。呂用之色膽包天，竟趁畢師鐸不在揚州，私闖畢宅，先姦為快。

由此，內亂爆發。

駐軍高郵的畢師鐸以誅殺呂用之為名率部殺回揚州。

沒幾下，揚州城破。

畢師鐸入城後，縱兵大掠，並軟禁了高駢。

倉皇出逃的呂用之徑往廬州（今安徽合肥）刺史楊行密處搬兵報仇。

呂用之生怕楊行密不肯起兵，便聲稱自己住所的地下埋有白金五千，引誘楊行密說，「寇平之日，願備將士娼樓一醉之資」。

於是，楊行密統軍數萬，和呂用之一起，沿江而上，在揚州城下分列八寨，團團包圍，日夜攻打。

圍困時間一久，「城中乏食，樵采路絕」，城內出現了以人肉為食的慘象。

畢師鐸戰事一吃緊，不從客觀上找原因，反而疑神疑鬼起來，懷疑是已經修煉成「半人半仙」的高駢在禁區裡用蠱術詛咒自己，同時又擔心高駢的黨羽在城裡做楊行密的內應，於是，到處求神問卜。

經過高人指點，畢師鐸找到了一個名叫王奉仙的神尼，便無限虔誠地跪倒，請神尼支招。

神尼經過一番花枝亂顫的跳大神後，煞有介事地說，經過夜觀天象，得知揚州要有大災大難，必須要有一個大人物死去，災難才會平安化解。

大人物是誰呢？

畢師鐸想來想去，認定了就是高駢。於是，帶人拿傢伙向囚禁高駢的道院殺去。

城內正在鬧糧荒，被囚禁的高駢當然也好不到哪去。一家幾十口集體被監押軟禁，已經斷炊好幾日了，實在餓得不行了，就「燃木像、煮革帶食之」，更有甚者，竟相互吃起人肉來。大家正爭得不可開交，畢師鐸「砰」的一聲，踢飛了院門，帶領來的亂兵一擁而入，如狼如虎，見物就踢，見人就砍。

高駢見勢不妙，「嗷」地叫了一聲，扭頭想走，可是年邁體弱，又被餓得眼冒金星，哪裡有力氣走？刀光起處，慘呼一聲，身首異處，多年修煉，就此「羽化登仙」。

草莽大英雄黃巢在山裡找吃的時掉了腦袋

話說，黃巢在長安城經受不起李克用等人的輪番攻擊，而且城中乏糧，只好撤出長安，經藍田出商洛，撲向蔡州（今河南汝南）。

蔡州節度使秦宗權在收復長安過程中也出過一把力，可是被黃巢順便打了那麼幾下，就馬上打回了原形，向黃巢稱臣，成了黃巢的小弟。

治服了秦宗權，黃巢繼續揮師向東進擊陳州（今河南淮陽）。

陳州刺史趙犨卻是晚唐年間的猛人，此人精通兵法，擅於弓馬，早就預見黃巢會守不住長安，勢必東走陳州，對手下將領說：「巢不死長安，必東走，陳州乃其衝也。且巢素與忠武為仇，不可不為之備。」一直「整修城牆，疏浚溝洫，囤積糧草，繕治兵器」，同時加強軍隊訓練，招募四方勁勇之士，做足了保衛陳州的功課。

黃巢的先頭部隊剛進入陳州境內，就遭到趙犨突如其來的襲擊，不但主將孟楷被俘，他手下的上萬齊軍也被殺得損失殆盡。

最令黃巢氣憤的是，趙犨為了展示自己與大齊勢不兩立的決心，竟然命人將孟楷殺死後梟首示眾。

孟楷一直都是黃巢最疼愛的大將，趙犨此舉徹底把黃巢激怒了，他將全軍屯於溵水，「掘塹五重，百道攻之」，瘋狂進攻陳州。

看著黃巢來勢凶猛，陳州城內男女老少驚恐莫名。

為了穩定軍心，趙犨慷慨陳詞，發表了戰前講話。他說：「忠武軍以義勇著稱，陳州兵以悍猛出名，我趙犨一家久食陳州的俸祿，如今獻身捍衛陳州的時候到了，我誓與陳州共存亡。男兒當死裡求生，況且以身殉國死，不比向賊寇屈膝偷生強嗎？有異議者斬！」接著，帶領精銳騎兵出擊賊，「破之」，擊敗了黃巢的首次進攻。

這樣一來，陳州城內軍民的情緒漸漸安定了下來。

接下來的日子，由於趙犨的準備工作落實得非常細緻和到位，他們不但化解了黃巢極其凶悍的進攻，而且還趁機反擊，斬獲不少。

黃巢從長安出來時，帶了十五萬軍隊，收編了秦宗權的軍隊後又憑空添了好幾萬人，再加上一路上前來投軍混飯吃的流民，總兵力已達三十多萬，連續打了半個多月，竟然打不下小小一個陳州城。

黃巢打得性起，發誓哪也不去了，就在陳州城下建起了自己的皇宮「八仙營」，設置了百官曹屬，跟趙犨耗到底，不拿下陳州誓不甘休。

這一來，巨大的災難開始以陳州為中心，向四周蔓延開來。

從長安到陳州，一直以來，軍糧問題都是黃巢感到頭痛的事。

連年的烽火使得百姓無法耕種，民間的糧食積儲本來就極其貧瘠，趙犨又早早堅壁清野，把方圓六十里內的居民全部遷入了城中。黃巢在陳州城下這一定居，幾十萬軍士的糧食問題立刻成了亟需解決的大問題。

但黃巢有他的辦法解決這個問題。

黃巢的辦法是——吃人。

這可真是恐怖至極！

史載：「時民間無積聚，賊掠人為糧，生投於碓，並骨食之，號給糧之處曰『舂磨寨』。」

黃巢幾十萬大軍，「日食數千人」，周圍的人吃光後，就把魔爪伸得更遠，「縱兵四掠，自河南、許、唐、鄧、顯、鄭、汴、曹、徐等數十州，咸被其毒」。

上述州府的將帥全被幾十萬的吃人惡魔嚇得心膽俱碎，有多遠躲多遠，只有陳州趙犨還在堅持著，不屈不撓，與黃巢賊軍相持了三百多天。

這三百多天裡，到底有多少無辜百姓被賊軍做成人肉料理吃進肚子裡去，已經無法統計了，黃巢這個喪心病狂的吃人惡魔終於招致人神共憤，提前迎來了死亡的日子。

本來，唐政府剛剛收復長安時，盟軍各將領都在忙著論功行賞、坐地分贓，無心他顧，這就給黃巢提供了一個轉移部隊、另辟戰場的絕好先機。如果這個機會把握得好，黃巢的造反事業依然前途無限。須知，早期黃巢的造反事業能做強做大，很大程度上就依賴其機動靈活的遊擊戰和運動戰。

可是孟楷的死讓黃巢停下了轉移的腳步，幾十萬人停頓在陳州城下，其最後的結局只能是自取滅亡。

陳州城裡的趙犨在黃巢的日夜強攻下，毫無懼色，沉著應對，將黃巢的攻勢一一化解。他足足堅守了十個月有餘，其忠義程度及其悲壯的色彩均堪比安史之亂時的睢州張巡。

西元883年十二月，趙犨終於迎來了等待中的援軍。

宣武軍節度使朱全忠、感化軍（治今江蘇徐州）節度使時溥、忠武軍（治許州，即今河南許昌）節度使周岌先後趕來救場子。

朱全忠的宣武軍出手不凡，從南面進入鹿邑（今河南鹿邑）後，便大敗齊軍，收割了二千多顆首級，然後挺進亳州（今安徽亳縣）。

此時朱全忠的身分不但是宣武軍節度使，同時還是東北面都招討使，負有征剿賊軍的主要責任，而且，所治汴州（今河南開封市）離陳州不遠，一旦陳州失守，汴州就難以倖免，所以打起仗來一點也不含糊。

三鎮「首腦」碰頭會晤後，覺得自己的人數還遠遠不足以與齊軍相抗，於是一起寫聯名信向河東節度使李克用求救。

這時的李克用剛剛完成了從戰犯到功臣的蛻變，熱血沸騰，激情澎湃，鬥志昂揚，有理想，有抱負，一心報國。

李克用接到信，二話不說，點起五萬胡漢勁卒，經潞州（今山西長治）、澤州（今山西晉城），過河中（今山西永濟），走洛陽、汝州（今河南臨汝），風風火火就趕來了。

西元884年二月，四鎮兵馬合兵一處，氣勢大盛。

三月，朱全忠率軍攻克黃巢的瓦子寨，大獲全勝，斬獲賊軍數萬。

接著，聯軍分頭出擊，與齊軍大大小小激戰了四十餘場，所戰皆捷。

四月，聯軍南進太康（今河南太康，陳州北百里），大破偽齊宰相尚讓的營寨，斬獲數以萬計，潰亂中尚讓抱頭向北鼠竄。

緊接著，聯軍乘勢殺至陳州西北方的西華（今河南西華），駐守該營寨的齊軍守將正是黃巢的弟弟黃鄴。尚讓營寨被拔之時，黃鄴軍心已經不穩，看著聯軍殺來，立馬潰散。聯軍緊追不捨，兵鋒直掠陳州城下黃巢所建的「八仙營」。

陳州內守軍得訊，大為振奮，抄起傢伙殺出城來，裡應外合，縱火焚燒。黃巢腹背受敵，招架不住，只得傳令撤圍，退走故陽里。

五月初三，「大雨震電，川溪皆暴溢」，平地水深數尺，幾可齊腰，齊軍營寨全被大水漂沖毀壞，無法屯駐，黃巢決定離開陳州地界，全軍開往汴州。

朱全忠聽到這個消息後，趕緊向李克用呼救。

李克用正在陳州西北部的許州休整部隊，聽到朱全忠的呼救，腦子一熱，以解天下之困為己任，馬上糾合了時溥一起發兵。

五月八日，李克用在中牟（今河南開封西部）附近的運河渡口王滿渡追上了黃巢，乘賊軍半渡而擊之，擊殺一萬多人，「賊眾潰」。

這一戰，黃巢手下多名大將被迫投降，其中宰相尚讓也向時溥投降。

黃巢僥倖逃出生天，帶著殘部繼續向北倉皇逃竄。

本著「殺賊須徹，除惡務盡」的實幹精神，李克用窮追不捨，率輕騎兵過胙城（今河南延津東北）、匡城（今河南長垣西），追追打打，一晝夜狂奔二百多里，直把黃巢趕回了他的老家冤句（今山東曹縣），沿路俘虜了黃巢的幼子和大齊政權的乘輿、器具、服裝、符節和印章，並收得黃巢以前掠搶的男女百姓有一萬多人，一一將他們悉數遣散。

到了冤句，李克用才發現，因為追得太急，自己的大隊人馬被甩到了後面，身邊只剩下幾百人，而且人乏馬疲，糧草耗盡！

李克用無奈，帶領著手下的人馬返回汴州補充糧草。

黃巢跑啊跑，跑到了瑕丘（今山東兗州境內），驚魂甫定，發覺李克用這個索命判官沒有再追上來，才鬆了口氣。突然，側面方向殺出一支隊伍，為首大將威風凜凜，正是自己曾經的手下——大齊宰相尚讓！

尚讓新降在時溥麾下，正是急於表現的時候，發現此時的黃巢手下不過百來人，又飢又渴，狼狽不堪，不由得大喜，揮軍如下山猛虎一樣殺上來。

這可把黃巢氣壞了！

可是，生氣歸生氣，生氣解決不了問題，還是逃命要緊，看著尚讓勢大，黃巢不敢硬碰，慌不擇路往荒山野嶺狂奔而去。

尚讓在後面掩殺過來，像斬瓜切菜一樣，把黃巢身邊僅餘的百來人殺得喪失殆盡，只跑了黃巢及其兄弟妻兒加上控鶴軍使林言等十來人。

時溥知道這個消息後，樂翻了，通告全軍：「生要見人，死要見屍，只要拿下黃巢，就是大功一件！」

於是，六月十五日，時溥感化大軍傾巢出動，沿著黃巢逃遁的方向漫山遍野地搜索。

十七日，有一支沙陀博野軍遊弋到泰山東南的虎狼谷下時，發現谷口轉出一人一馬，行跡詭異，其人披頭散髮，渾身汙血，上身赤裸，腰間團團地圍了十幾顆血淋淋的頭顱，還沒行近，血腥氣味撲鼻而來，令人聞之欲嘔。

博野軍的軍頭走近一看，這人竟是黃巢的手下大將林言。

那人坦言，自己的確就是黃巢的外甥林言，腰間掛的就是舅父黃巢、黃存、黃鄴、黃揆、黃欽還有舅媽、表弟等人的頭顱，說是趁他們在山地找吃的時，逐個斬下來，準備獻給政府的。

這夥沙陀人樂壞了，圍了上來，七下八下地朝他揮刀，很快就大卸八塊，保留了完整的腦袋，連同原先那十幾顆，一併提往徐州向時溥請功。

此人將女兒許配給梟雄，得到的報答方式出人意料

話說，唐末亂世，宋州（今河南商丘）下邑出了兩個梟雄。

這兩個梟雄是堂兄弟，堂兄名叫朱瑄，堂弟名叫朱瑾。

先發達的是堂兄朱瑄。

朱瑄最初跟人家去販私鹽，為了逃避官府捕殺，逃到青州（今山東青州），在平盧節度使王敬武手下為牙卒。

黃巢起義，兵入長安。

平盧節度使王敬武派三千牙兵入關勤王，朱瑄隨軍而行。

路經鄆州（今山東東平），鄆州的天平軍節度使薛崇病死，鄆州有部將趁機反叛。

黃巢勢大，入關勤王基本是死路一條，鄆州內亂，有利可圖，何樂而不為？

這三千牙兵遂把勤王一事丟一邊，乘城內人心未定，半路殺入，占據了鄆州。
經過了一系列弱肉強食、巧取豪奪，朱瑄笑到了最後，成了鄆州城內的勝利者，從一名普通牙卒搖身變成了天平軍節度使。
堂弟朱瑾，「少倜儻，有大志」，聽說堂兄在鄆州發達了，特去投奔，途經泰州，與泰寧節度使齊克讓在路上相遇。
齊克讓慧眼識梟雄，一見此人儀表不凡、不怒自威，「壯之，心愛其人」，誠邀他到自己府上做客，並私下裡詢問他：「我有一個寶貝女兒，長得還算可以的，我有意招你做上門女婿，不知你願不願意？」
這個事對朱瑾來說，不亞於天上掉餡餅！
「我願意！我願意！」朱瑾想都不用想，立即答應了齊老爺子。
一個月後，齊克讓按照約定日子，派出了迎親隊伍，吹吹打打前來鄆州迎娶上門女婿。
朱瑾喜上眉梢，「盛飾車服」，欣然前往。
婚宴辦得非常隆重，賀客如雲，辦了好幾十桌。
齊克讓由衷地高興，手不停盞，一杯接一杯地喝，不多一會就醉了。
半夜時分，朱瑾悄悄從洞房裡潛出來，招呼同來的隨從，張弓露刃，驀然發難，闖入了齊克讓的臥室，將他從睡夢中生擒，自稱泰寧軍留後。
不久，唐廷承認了既成事實，朱瑾正式做了泰寧節度使。
朱瑄、朱瑾這對流氓兄弟，用流氓的手段，竟在亂世之中占據了一塊頗為可觀的地盤，聯手一起，共有鄆、濟、曹、濮、兗、海、沂、密八州，兵強馬壯，稱霸一方。

鬧市俠隱把藩鎮節度使夾在腋下飛簷走壁

唐朝諸多制度中，藩鎮制度向來飽受詬病。

的確，藩鎮各自為政，強枝弱幹，最終尾大不掉，脫離了中央的操控，為所欲為，國家遂分裂為數十個沒有國家之名卻有國家之實的「小國」。

唐朝末年的情形，大致和春秋戰國時差不多，天下藩鎮名義上遵奉朝廷，不過如春秋戰國時各諸侯遵奉周天子一樣，聽封不聽調，各行其是。

而各藩鎮經過互相搏殺和吞併，勢力最強者當屬河東李克用和宣武軍朱溫兩鎮。

雲中、成德和盧龍是黃河以北的三大軍鎮，一直以來都義結同盟，同氣連枝。

李克用以一鎮對三鎮，毫無懼色，先取雲州，大敗三鎮聯軍，把雲中節度使赫連鐸打得家破人亡，亡命於江湖。

轉而，李克用又進取成德軍治所鎮州（今河北省正定）。

成德軍節度使王鎔不過一個十七歲的少年，慌了手腳，趕緊向盟友盧龍軍節度使李匡威求援。

李匡威接到信後，不敢怠慢，親提四萬幽州勁卒馬不停蹄直下鎮州。

在鎮州九門縣新市一戰中，李克用因為輕敵，招致大敗，率眾退去。

王鎔長舒了一口氣，用十萬金帛慰勞李匡威。

李匡威歡樂無限地揮軍回家。然而，大軍剛剛到達博野，有消息傳來，他的親弟弟李匡籌已經占據了幽州，自封為幽州留後。

李匡威當時就懵了，感覺如五雷轟頂，這是怎麼了？

還沒等他回過神來，李匡籌已派人以節度使司的符節來追繳李匡威行營的軍隊。

李匡威手下的兵馬接到命令後，一哄而散，大部分回了幽州，只剩下小部分親兵和他一起留在深州（今河北省深州市），進退失據。

李匡威被弟弟這一手絕後計整得很被動，破口痛罵弟弟禽獸不如。

深州的李正抱對李匡威的遭遇深表同情，跟著李匡威一起痛罵李匡籌，建議李匡威趕快輕騎返回幽州，向李匡籌討回符節。

可是李匡威一張大臉卻漲成了豬肝色，神色忸怩，表現得極不自然。

李正抱不明就裡，以為他顧念兄弟之情，不便撕破臉面，就進勸道，李匡籌做得初一，你就做得十五，他不仁在先，你即便不義，天下也沒人說你不是。

李匡威支支吾吾，顧左右而言他，他說，既然弟弟堅持要做幽州節度使，那就隨他做好了，自己準備遣使向朝廷上奏，請求回京師長安。

李匡威的表現嚴重與其性格不符。

李匡威少年時好勇鬥狠，曾用頭撞死人，人稱金頭大王，惡名遠揚四海。幽燕漁陽之士都非常忌憚他。

李匡威的回京申請報告上送到長安後，京師百姓聞之色變，坊市大恐，混亂不堪，紛紛驚叫道：「金頭王來圖社稷矣。」視之如洪水猛獸，竄匿山谷。

人還沒來，造成的恐慌程度這麼大，朝廷當然不會理睬李匡威的請求。

於是，李匡威就成了一條天不收地不理的喪家狗。

在深州一個多月的時間裡，李抱正也慢慢弄清楚了李匡威不敢回幽州的原因。

原來，李匡威、李匡籌兄弟之間有一段見不得人的恩怨情仇。

李匡籌新娶的媳婦非常漂亮，李匡威竟「悅其弟匡籌之婦美而淫之」，故此「內慚不敢還」。

原來禽獸不如的人是他！李抱正恍然大悟，覺得和這種人相處實在是潛在的威脅，於是下了逐客令。

鎮州的王鎔知道了李匡威有家不能回的狀況，覺得李匡威之所以丟失幽州，也有自己的一部分原因，就勇敢地負起責任來，派人來迎李匡威回鎮州，先安排他在寶壽佛寺住宿，後又在梅子園為他建造了府第，「以父禮事之」。

李匡威在鎮州安頓下來後，賓至如歸，也不拿自己當外人看，幫助王鎔修葺城塹，完善甲兵，視之如子，安之若素。

日子一久，王鎔手下有人覺得有些不對勁，偷偷向王鎔提醒說：「李匡威性情倨傲殘暴，現在客居鎮州，儼然以主人自居，主公請多加留意，提防其有鳩占鵲巢之心。」

王鎔不以為然地笑道：「你們不要太過多慮，你想想，咱們鎮州差一點兒就被李克用滅了，全仗李匡威幫助，才有今日，咱們怎麼可以忘恩負義呢？」

可是，人無傷虎意，虎有害人心。

李匡威本來就是一個極其不安分的人，在鎮州住的時間一長，就靜極生動了。

王鎔小小年紀，身體瘦弱，卻鎮守著偌大的一個藩鎮，情形就好像一個幾歲的小孩童在守著一個金庫，而這個金庫似乎又沒有任何保護措施，誘惑力非常大。

李匡威無法抗拒這種誘惑，想要把這個金庫占為己有。

開始時，李匡威暗中給王鎔軍中的將士施些小恩小惠，想收買人心。可是王鎔家族在鎮州統治已近百年，在唐末亂世中，鎮州成了最為安寧的一方淨土，深得鎮州人愛戴，並不為李匡威所動。

一計不成，又生一計。

這日，李匡威糊弄王鎔，說明天是自己父親的忌日，要在寓所設奠，邀請他前來弔唁，準備在靈堂前將他處死。

王鎔哪裡知李匡威狼子野心？按照親友的禮節應邀而來。

李匡威外罩喪服內著盔甲，在靈堂周圍埋伏甲士，約好摔茶杯為號，等茶杯一響，甲士馬上一擁而上，把王鎔拿下。

王鎔進來後，感覺到有一股陰氣，不，應該是殺氣，撲面而來，又見李匡威舉著茶杯，情知不妙，急中生智，奔到李匡威的面前一把搶過茶杯，抱著他說：「李叔，我王鎔被李克用圍困，幾乎就要滅亡了，幸虧你出手相救，本來我也覺得自己年幼體弱，守不住這個藩鎮，早就想把它轉讓給你管理了。不如你跟我一起回我家，我把信印全部交給你，那樣，鎮州的將士就不會有異議了。」

「是這樣的嗎？」想不到王鎔竟然這麼機靈懂事，李匡威又驚又喜，招呼帳下埋伏的甲士，說：「你們都出來吧。」於是靈堂裡一下子擁出了黑壓壓的百十人，王鎔驚出了一身冷汗，暗暗慶幸自己見機得快，不然，早成刀下斷頭鬼了。

這一幫人劫持著王鎔一起回王家的節度使司。

路上，天灰沉沉的，陰風四起。

沿途的百姓看著大刀長槍架著王鎔行過，個個目瞪口呆，心都提到嗓子眼上了，唉，鎮州大帥被劫，鎮州恐怕不得安寧了！

轉眼黑雲翻湧，天穹如墨，一場狂風暴雨就要來了！

李匡威的心裡沒有絲毫緊張，他覺得，自己現在拿下鎮州，就跟十隻手指抓田螺一樣，十拿九穩，心中一陣陣狂喜，環視左右，顧盼自雄，心裡還一個勁兒地想，得到鎮州後，就可以和兄弟李匡籌在幽州互相呼應，繼而聯手進取天下了。

一行人進入鎮州城的東偏門時，突然一聲炸雷，「屋瓦皆震」，眾人嚇了一大跳，胯下馬匹奮蹄揚頭，咴咴長嘯。

突然一個黑影從牆頭飛躍而下，如神兵天降，一拳擊翻劫持王鎔的幽州甲士，把王鎔從馬背上拽下，夾在腋間，「負之登屋」，逾垣而走。

李匡威還沒看清楚，那個黑影已經消失得無影無蹤，跟著傾盆大雨嘩嘩下了起來。

後面不知什麼時候跟來了一大幫鎮州牙兵，一見王鎔已脫離魔爪，立刻齊聲呼喝，衝了上來，將李匡威團團圍定，刀劍槍戟一齊招呼，很快將他斬殺，「並其族黨」。

王鎔被人挾住後，動彈不得，在那人飛簷走壁竄高伏低之際，只聽見耳邊呼呼風響，眼睛和嘴巴被瓢潑大雨淋得難以張開。等過了好大一會兒，那人才在一個屋簷下停下了腳步，把他放了下來。

王鎔驚懼中喝問了一句：「你是什麼人？」

「硯中之物。」那人聲音不大，只說了四個字。

聽了這四個字，王鎔馬上疑懼盡消，滿心歡喜地叫道：「是你！」

原來，這個人姓墨，名叫墨君和。

墨君和是真定人氏，小時候的乳名叫「三旺」。世代貧寒，以殺豬為業。墨君和十五六歲的時候，就生得「眉目棱岸，肌膚若鐵」。王鎔剛剛繼位那會兒，在集市上見到，就驚叫起來：「此中何得崑崙兒也？」

崑崙兒，本來泛指亞非洲地域的黑色人種，但自從同時代裴鉶的傳奇小說《崑崙奴》問世後，大家都不約而同地把這個稱呼用來特指那個「持匕首飛出高垣，瞥若翅翎，疾同鷹隼，攢矢如雨，莫能中之，頃刻之間，不知所向」的黑人大俠摩勒。

王鎔稱小三旺崑崙兒，是對小三旺的讚歎。等到他知道小三旺除了長得黑如墨外，本人姓的也是墨，就更加驚奇了，給他送了一個雅號「墨崑崙」，再贈送了幾套黑色的衣服。

想不到，今天竟然得他相救。

第二天，王鎔召見墨君和，賞千金，兼賜良田萬畝，恕其十死，奏授光祿大夫。

不過，王鎔身體瘦弱，被墨君和挾著飛簷走壁，「頸痛頭偏者累日」，不勝其苦。

蠢人董昌率先稱帝，結果鬧出了笑話

殘唐五代時的越州（今浙江紹興）節度使董昌是個很愚昧的人，史書用三個字概括他一生為人——「昌素愚」。

史載其：「不能決事，臨民訟，以骰子擲之，而勝者為直。」

因為智商太低，沒有管理能力，境內發生了民事糾紛後，他不問來龍去脈，不分青紅皂白，一律取出賭博用的骰子，由甲乙雙方擲骰，點數大的勝訴，點數小的敗訴，聽天由命，願賭服輸，敗訴者一概誅戮。到後來，還把這種方法用在任用和提拔官吏上，透過擲骰子視點數大小安排工作。

董昌在越州橫徵暴斂，增加了許多莫名其妙的雜稅，使得稅額翻了好幾番。在向朝廷進貢賦稅和各種財物的節度使之中，董昌名列第一。

除了向朝廷進貢外，董昌還很注意結交朝中官員，送錢送物，出手闊綽，上下打點，不遺餘力。相關史料顯示，一年三百六十五天，平均每十天董昌就向京師上貢品一綱，非常勤快。（每綱含一萬兩黃金，五千錠白銀，一萬五千匹綢緞。）

為了送這些物資，董昌動用了大量的人力資源，每次安排五百名士兵押送，從越州到京師的行程通常得十多天，第一撥士兵還沒回來，第二撥士兵就出發了，道路上來來往往，全是幹這種事的人。這些士兵的命很苦，勞碌奔波不說，遇上了狂風暴雨、洪水雪災耽誤了行程，董昌還要大發淫威，將他們全部處死。

唐末亂世，「天下貢輸不入」，在其他藩鎮都不怎麼拿朝廷當回事的情況下，「獨昌賦外獻常參倍」，董昌表演得一枝獨秀，異軍突起。

唐昭宗李曄因此認為董昌忠誠可嘉，表彰不斷，董昌的官職也因此一路飆升，由司徒、同平章事，最後竟然獲得了隴西郡王的爵位。

董昌除了蠢之外，還非常凶殘。越州百姓偶有小過錯，董昌馬上大刑伺候，笞撻上千；如若觸犯了法律，輕則砍頭，重則誅滅全族。

有一次，犯人的家族很龐大，從三大姑四大姨開始算起，一來二去，牽扯出了五千多人來。董昌感覺到要砍完這五千人有些累，就指著他們說：「如果你們能孝順我，就讓你們的腦袋寄存在脖子上。」這些人為免一死，全都跪地求饒。

董昌覺得空口無憑，必須立字為據。可是這字寫在哪兒才不容易丟失呢？董昌眼珠子一轉，有了，刻在這些人的手臂上。

結果，這些人手臂上全被董昌刻上了「感恩」字樣，並被編成軍隊，稱為「感恩都」。刻字的時候，這些人想著自己淪落為奴，一個個都忍不住號啕大哭。

董昌還在越州替自己建造生祠，「刳香木為軀，內金玉紈素為肺腑，冕而坐，妻媵侍別帳，百倡鼓吹於前，屬兵列護門」。強令民間百姓，所有諸如祈福求神一類的活動都必須在他的生祠進行。

董昌還「托神以詭眾」，對外人說：「凡是有人到我的生祠祭拜，我在家裡一定會醉倒。」

有一個外地人背後議論說：「我進了董昌的生祠遊覽，裡面也不過是些土偶人，並無靈異之處。」

董昌知道後，大怒，將那人拿下，在祠前活活肢解。

西元893年九月，董昌看到朝廷任命自己的部下錢鏐為鎮海軍節度使兼浙江西道觀察處置軍使，還加同中書門下平章事，就眼熱了，對自己的職位也不滿意了，覺得錢鏐是他的下級官員，錢鏐既然升官了，自己也應該水漲船高，於是向朝廷請求任命他為越王。朝廷哪能按他這樣的邏輯來辦事？一口拒絕了。

董昌憤慨地說：「朝廷太不夠意思了，我一向大方進貢賦稅，朝廷卻吝惜得連一個小小的越王也不肯給，好，你不給，我自己取！」

他手下一些善於察言觀色的人便試探著說：「要我說，越王也不要做了，要做就做越帝！」見董昌欣然露出神往之色，於是就順著架子向上爬，不斷慫恿他稱帝。事件發展到後來，舉縣若狂，許多好事之徒擠在董昌的府門前大喊口號，堅決擁護董昌鬧獨立。

看見大家熱情高漲，董昌歡天喜地，派人出去答謝說：「謝謝大家，謝謝，謝謝，這個越帝我是當定了，你們等著看，只要時機到了，我一定不辜負大家的厚愛，登上帝位。」

董昌這話一放出，那些有志於搞政治投資的人士紛紛進獻各種各樣諸如龜魚符印之類的祥瑞吉物，「日以百數」，熱鬧非凡。

董昌根據各種物品的分量，明碼標價，一一派賞。

事件發生的最高潮是一位自稱「山陰老人」的人向董昌獻上一首讖謠，裡面有兩句：「欲知天子名，日從日上生。」、「山陰老人」非常煽情地說：「『日』字上面再生個『日』字，不就是『昌』？『欲知天子名，日從日上生』，天子就是你了！」董昌又驚又喜，給山陰老人「賜百縑，免稅征」，莊重地發表宣言：不當越帝誓不為人。

其實，董昌這時不過是一個地方小軍閥，勢力和同時代的朱全忠、李克用等人相比，差遠了去，竟然不自量力要稱帝，把自己推上風口浪尖，真是愚不可及。

董昌稱帝的心情越來越迫切，不日，命方士築壇祭天，自欺欺人地謊稱天符夜降。

董昌對別人言之鑿鑿地說，天符上有警句「兔上金床」。是什麼意思呢？我董昌是屬兔的，明年是兔年，我當得帝位。

這時又有一個名叫倪德儒的好事之徒，在董昌這壺就要燒沸的水上加了一把火，說：「《越中祕記》記載有一種叫羅平的鳥，長四隻眼睛三條腿，掌控著越州的禍福。現在，這羅平鳥頻頻在吳、越境內出現，嘴裡不停地鳴叫『羅平』、『天冊』，誰要向它跪拜誰就有好運。」還說，「今大王署名，文與鳥類。」——說董昌的簽名，跟那個鳥似的。說完，「因出圖以示昌」，從懷裡拿出畫有「羅平鳥」的圖譜給董昌看。董昌看了，簡直樂翻了，就決定以「羅平」為國號。

等到董昌把稱帝一事正式提上議程的時候，會稽令吳鐐勸諫說：「你應該以真諸侯傳子孫，不應以假天子而自斃。」董昌大怒，「族誅之」。

山陰令張遂說：「浙東雖然領有六州之地，但不見得這六州人民都會跟隨你胡搞亂搞，你如果一意孤行，別到時候死無葬身之地。」董昌大為震怒，命人也將他殺了。

越州節度副使黃碣則說：「人心不足蛇吞象，你不過從一個莊稼漢發跡，能有今天，全是朝廷的栽培。你現在位至將相，爵至郡王，不思回饋報答，反生滅族之計，我替你擔憂啊。」

董昌暴跳如雷，喝道：「替我擔憂？還是先替你自己想想吧！」命人將黃碣斬殺。第二天，覺得還不解氣，又命人把黃碣的腦袋丟入糞坑裡漚糞，口中憤憤不已地罵道：「這混帳東西真是不知好歹！」

……

經過這樣一番血洗後，董昌終於成功地把自己不願意聽到的聲音堵住了。

不久，董昌正式稱帝，國號大越羅平，建元「順天」，自稱「聖人」。

董昌還命人用白銀鑄了一方大印，上面刻「順天治國之印」六個大字。不過，這方印董昌輕易是不用的。他所頒布的詔書，全部用筆親自簽名，寫得狂龍癲鳳，誰也看不懂。董昌的說法是：「不親自簽名，天下子民怎麼知道當今皇帝的名字叫董昌？別人又怎麼知道我寫得一手鳥字？」

接著，董昌大封了一大幫阿貓阿狗為大羅平國的宰相、學士、將軍。

得意忘形的董昌還傻乎乎地給錢鏐送去書信，說自己已經是大羅平國的皇帝了，要封他為兩浙都指揮使。

錢鏐早就覬覦越州了，收到董昌的書信後，知道討伐董昌的機會來了，發動了旨在吞併董昌的討越戰爭。

董昌慌了手腳，倉促備戰。

在備戰的時候，「候人言外師強，輒斬以徇；給告鏐兵老，皆賞」，董昌一旦聽到偵察兵說錢鏐的隊伍強大，就罵他擾亂軍心，將他斬首；一旦說錢鏐的隊伍全是些老弱殘兵，就給他發賞金。

西元896年正月，錢鏐軍一路勢如破竹，直逼越州城下。

董昌有個侄子，名叫董真，很有些軍事才能，看到錢鏐兵臨城下，為了董家家族的生存，挺身而出，整軍堅守，有他在，錢鏐攻打越州，竟「逾年不能克」。

可惜已經號稱天下第一蠢人的董昌還害怕別人把他這個「天下第一」的頭銜搶了去，為了使自己蠢得更加徹底、更加死心塌地，又聽信了身邊小人的讒言，自毀長城，以「謀反」罪把董真殺了，這樣，越州城終於可以提前失陷了。

錢鏐派人哄董昌，說：「我已收到了皇上發來的詔書，皇上的意思是可以免除你的死罪，只要你願意來杭州養老，我一定盡心相待。」

董昌還幻想自己到了杭州後可以享受離休待遇，於是便從了錢鏐。

沒想到，到了一個叫西江的地方，錢鏐命人將他斬殺，投屍於江，傳首京師。

接著，錢鏐又盡誅其族，將「大羅平國」的宰相、學士、大將軍全部斬首。

讓錢鏐比較吃驚的是，董昌在越州城被圍時，居然還克扣士兵賣血賣命的工錢，並以加強城防為名暴斂城中百姓。城破時，倉有積糧三百萬斛，庫有金帛五百餘帑。

可悲，可歎，也可憐！

可憐董昌忙碌了半生搜刮起來的全部家產悉數被錢鏐笑納。

流氓朱溫幼時偷盜，長大篡國

說起流氓皇帝，一般人都會想到漢高祖劉邦。

可不？借太史公的一支妙筆，劉邦的流氓形象在《史記》中活靈活現，當皇帝前喜歡吹牛、耍賴、酗酒、鬧事；和項羽打仗，喜歡陰一套陽一套，三刀兩面，耍奸弄滑，無恥賴皮；當了皇帝，對大臣那是陰險沉猜，神威莫測，對你好，就把你捧上天，對你不好，就立馬翻臉不認人，或烹或煮，殺你沒商量。

不過，大體上來說，劉邦在打仗、治國的大方向上都沒跑偏，品格上雖有小缺陷，但行事卻也算是大丈夫行徑。

真正的流氓皇帝，歷史上不算少，而最突出的當屬五代後梁太祖朱溫。

論功業，朱溫不及劉邦的十分之一；但要論荒唐無恥、流氓無賴，朱溫絕對百倍於劉邦。

太史公死得早，不知道朱溫那些事。歐陽修寫《五代史記》，越寫越來氣，一腔怒火沒控制住，把筆一扔，破口大罵說：「嗚呼！天下之惡梁久矣！」

和劉邦一樣，朱溫出身很低。父親是個讀書人，卻死得早；母親給地主劉崇做幫傭。朱溫沒受什麼教育，自小偷雞摸狗，甚至偷到了劉崇的家裡。某次，竟背著劉崇家的大鐵鍋去集市賣。劉崇知道了，把他綁起來打了個半死。

這件事影響很大，周圍群眾都叫朱溫「背鍋賊」。

朱溫一怒之下，投入了黃巢起義軍。

黃巢勢力最大那會兒，攻入了唐都城長安，建立了「大齊」政權。

朱溫也緊隨著雞犬升天地擔任了「大齊」政權的同州（今陝西大荔）防禦使。

不過，黃巢起義軍長期流動作戰，沒有屬於自己的根據地，不事生產，軍隊經濟來源全靠搶，性質上就是流寇，肯定得不到民心。

最重要的是，唐朝最高統治者唐僖宗還在，唐朝各藩鎮的勢力還很強大，這就為黃巢的覆滅埋下了巨大隱患。

果然，當唐朝各藩鎮勢力集結在一起，黃巢就頂不住了，故技重施，竄出長安，流動作戰。善於投機的朱溫見風使舵，背叛了黃巢，投入了唐朝陣營，得唐僖宗詔任為左金吾大將軍、河中行營招討副使，並賜名「朱全忠」。

流氓成性的朱溫一旦決定了要做某件事，就會不擇手段地幹到底、幹到絕。他背叛了黃巢，就狠命地反噬黃巢，匯合了當時天下最彪悍的「鴉兒軍」拚命追剿黃巢。

「鴉兒軍」的首領是沙陀英雄、河東節度使李克用。

朱溫借李克用的手消滅了黃巢後，認為李克用會威脅到自己將來的發展，就使毒計把李克用集團的上上下下將士騙到自己的地盤喝酒。晚上，縱火焚燒，想一把火把李克用集團燒成灰。

這一把大火，雖然沒燒死李克用，但李克用集團也元氣大傷，很長時間無力與朱溫集團爭鋒。所謂時無英雄，遂令豎子成名。

依仗流氓手段，朱溫不斷發展自己的勢力，於唐天佑四年（西元907年）四月逼迫唐朝最後一任皇帝唐昭宗禪位給自己，即皇帝位，更名為朱晃，改元開平，國號大梁。

當上了皇帝的朱溫，年紀也老了，快六十歲了，厭倦了打打殺殺的日子，就把開疆拓土的重任交付給幾個兒子，自己專事宣淫。

史書上記，朱溫經常到大臣家做客，由大臣家眷侍寢，樂不思蜀，流連忘返。

更奇葩的是，朱溫的兒子們對父親的亂倫，竟然全力支持，紛紛派出妻子爭寵，博取歡心，爭奪儲位。

其中，養子「朱友文婦王氏色美，帝（朱溫）尤寵之，雖未以友文為太子，帝意常屬之」。朱溫病重時，有意召朱友文回來託付後事。其親子「友珪婦亦朝夕侍帝側，知之，密告友珪曰：『大家（指朱溫）以傳國寶付王氏懷往東都，吾屬死無日矣！』」

朱友珪於是當機立斷，發動宮廷政變，殺入皇宮，順利處死了朱溫。

朱溫從未對唐朝盡過忠，為何得賜名朱全忠？

古代帝王或為了顯示恩寵，或為了籠絡羈縻外藩，或為了褒獎有功之臣，或為了安撫降將，常有賜姓、賜名，或姓名一起賜的做法。

這一做法，在唐朝尤其突出。

其中單單賜姓的，如唐初相繼來降的徐世勣、羅藝、劉孝真、杜伏威、高開道、胡大恩等；既賜姓又賜名的，有中唐率眾內附的突厥首領阿布思先（賜姓名曰李獻忠）、原安祿山舊將董秦（賜姓名李忠臣）、北庭節度使曹令忠（賜姓名李元忠）等；單單得賜名的，有在安史之亂中襲殺偽署平盧軍節度使呂知晦的劉客奴（得賜名正臣）、起兵叛亂後又歸朝的瀘州刺史楊子琳（賜名猷）、請歸於朝的魏博節度使田興（賜名弘正）等。

朱溫屬於第三種，得「賜名全忠」。

光得賜名不得賜姓，意義上的差別巨大。

稍微想一下，也很容易理解。

被賜姓者，其本人及整個家族都可以世世代代地沿用被賜之姓；而光得賜名者，受益的只是當事人一人而已，並不具備傳衍性。

話說回來，朱溫為什麼得賜名呢？

唐朝賜名賜姓最多的時期就是安史之亂期間和唐末，而唐末就是借鑑安史之亂因賜名賜姓而獲得浴火重生的奇效，所以遍賜各地藩鎮以及來降叛將，毫不吝惜。

朱溫得賜名的經過詳見《舊五代史・梁太祖本紀》：「（朱溫）舉郡降於重榮，重榮即日飛章上奏。時僖宗在蜀，覽表而喜曰：『是天賜予也！』乃詔授帝左金吾衛大將軍，充河中行營副招討使。仍賜名『全忠』。」

當時，朱溫是黃巢任命的同州防禦使，遭到了唐河中節度使王重榮與其他藩鎮的圍攻，在多次向黃巢求援無果、糧草殆盡的情況下，深感難以支撐，毅然舉兵投降了王重榮。

朱溫是黃巢手下得力大將，他這一降，樹立了改邪歸正的榜樣，帶來了名人投降的效應。唐僖宗已經是成年人了，這個道理，不可能不懂，為了鼓勵其他尚在觀望的黃巢將佐，也就在朱溫尚未為大唐盡忠的情況下，賜其名「全忠」，是希望他以後全心全力效忠於大唐，並授予其左金吾衛大將軍的官職，擔任河中行營副招討使。

補一筆，原諸葛爽部將張言治理洛陽有板有眼，卓有成效，後來唐昭宗也賜其名為「全義」。

這張全義後來成了朱全忠的臣子，助朱全忠篡奪了大唐的江山。

所謂全忠不忠、全義不義是也。

國家圖書館出版品預行編目資料

熬通宵也要讀完的大唐史 / 覃仕勇著. -- 初版.
-- 臺北市 : 臺灣東販股份有限公司, 2021.09
280面 ; 14.7×21公分
ISBN 978-626-304-749-5（平裝）.

1.唐史 2.通俗史話

624.109　　110010534

熬通宵也要讀完的

大唐史

2021年9月1日初版第一刷發行

著　　者　覃仕勇
主　　編　陳其衍
美術編輯　黃郁琇
發 行 人　南部裕
發 行 所　台灣東販股份有限公司
＜地址＞台北市南京東路4段130號2F-1
＜電話＞(02)2577-8878
＜傳真＞(02)2577-8896
＜網址＞http://www.tohan.com.tw
郵撥帳號　1405049-4
法律顧問　蕭雄淋律師
總 經 銷　聯合發行股份有限公司
＜電話＞(02)2917-8022